C·H·Beck

PAPERBACK

W0056264

Thomas Piketty

DIE SCHLACHT UM DEN EURO

Interventionen

Aus dem Französischen übersetzt von
Stefan Lorenzer

C.H.Beck

Dieses Buch enthält eine Auswahl aus den in der Zeitung «Libération» erschienenen Interventionen Thomas Pikettys aus den Büchern «Peut-on sauver l'Europe? Chroniques 2004-2012» sowie «Chroniques 2012–2015» © Les Liens qui Libèrent, 2011, 2015.

This edition published by arrangement with L'Autre agence, Paris, France. All rights reserved. No part of this book may be reproduced or transmitted in any form or by any means, electronic or mechanical, including photocopying, recording or by any information storage and retrieval system, without permission in writing from the publishers.

Originalausgabe

©Verlag C.H. Beck, München 2015
Gesetzt aus der Janson MT regular
Druck und Bindung: GGP Media GmbH, Pößneck
Printed in Germany
ISBN 978 3 406 67527 0

www.beck.de

INHALT

VORWORT[1]

Dieses Buch vereint Interventionen, die in der Zeitung *Libération* veröffentlicht wurden. Keine von ihnen ist nachträglich korrigiert oder überarbeitet worden. Einige Texte haben inzwischen etwas Patina angesetzt, andere sind noch aktuell. Sie zeugen sämtlich vom Versuch eines Sozialwissenschaftlers, das Tagesgeschehen zu analysieren, sich in die öffentliche Auseinandersetzung einzumischen und die Verantwortung des Forschers mit der des Bürgers in Einklang zu bringen.

Das prägende Ereignis der letzten Jahre war die globale Finanzkrise, die 2007/08 ausbrach und bis heute nicht beendet ist. Ihr sind die hier versammelten Interventionen gewidmet. Sie untersuchen die neue Rolle, die von den Zentralbanken übernommen wurde, um den Zusammenbruch der Weltwirtschaft zu verhindern, ebenso wie etwa die Unterschiede zwischen der irischen und der griechischen Krise. Dabei tritt vor allem eine Frage in den Vordergrund: Wird die Europäische Union den Hoffnungen gerecht werden, die so viele von uns in sie gesetzt haben? Wird es ihr gelingen, zu jener Macht und zu jenem Raum demokratischer Souveränität zu werden, die es braucht, um die Kontrolle über einen außer Rand und Band geratenen

---

[1] Dieses Vorwort wurde ursprünglich für die französische Ausgabe von 2012 geschrieben, in der die bis dahin erschienenen Interventionen Thomas Pikettys enthalten sind. Für die deutsche Ausgabe, die bis Anfang 2015 reicht und eine thematische Auswahl bietet, wurde es leicht aktualisiert.

Kapitalismus zurückzugewinnen? Oder wird sie einmal mehr nur das technokratische Instrument der Deregulierung sein, des verallgemeinerten Wettbewerbs und des Kniefalls der Staaten vor den Märkten?

Die Finanzkrise, die mit dem Platzen der *Subprime*-Blase im Sommer 2007 und der Lehman-Pleite im September 2008 ihren Anfang nahm, lässt sich als erste Krise des globalisierten Patrimonialkapitalismus des 21. Jahrhunderts verstehen.

Blicken wir zurück. Zu Beginn der 1980er Jahre brach eine neue Welle der Deregulierung und des ungebrochenen Glaubens an die Märkte über die Welt herein. Die Erinnerung an die Depression der 1930er Jahre und an die Verwerfungen in ihrem Gefolge war verblasst. Die «Stagflation» der 1970er Jahre, die Verbindung von wirtschaftlicher Stagnation mit Inflation, ließ die Grenzen des Keynesianischen Konsenses hervortreten, der sich in der besonderen Lage der Nachkriegszeit herausgebildet hatte. Nach dem Ende des scheinbar unbegrenzten Wirtschaftswachstums der 1950er und 1960er Jahre wurde die mit ihm verbundene immer weitere Ausdehnung des staatlichen Sektors und der Abgabenlast zunehmend in Frage gestellt.[2]

Der Deregulierungsschub beginnt 1979/80 in den Vereinigten Staaten und Großbritannien, wo man es immer weniger erträgt, von Japan, Deutschland und Frankreich eingeholt, ja im Fall Großbritanniens überholt worden zu sein. Ronald Reagan und Margaret Thatcher lassen sich von dieser Welle der Unzufriedenheit tragen und verkünden die

---

2 In Frankreich sinkt die reale Wachstumsrate des Nationaleinkommens von durchschnittlich 5,2 % jährlich zwischen 1949 und 1979 auf durchschnittlich 1,7 % zwischen 1979 und 2009, also auf ein Drittel.

neue Botschaft: Der Staat sei das Problem und nicht die Lösung. Man müsse sich aus den Fängen eines Vorsorgestaats befreien, der die angelsächsischen Unternehmer verweichlicht habe, und zu einem reinen Kapitalismus zurückkehren, wie es ihn vor dem Ersten Weltkrieg gegeben hatte. Nach 1990 nimmt der Prozess an Fahrt auf und greift auf Kontinentaleuropa über. Der Zusammenbruch der Sowjetunion beraubt den Kapitalismus seines alten Rivalen und läutet eine Phase ein, in der man sich, beflügelt durch eine anhaltende Börseneuphorie, dem Glauben an das «Ende der Geschichte» und ein «neues Wachstum» hingibt.

Zu Beginn der 2000er Jahre erreichen die Börsen- und Immobilienwerte wieder die historischen Rekordmarken von 1913, um sie schließlich noch zu übertreffen. Das Gesamtvolumen (nach Abzug der Schulden) der Finanz- und Immobilienvermögen im Besitz der französischen Haushalte beträgt 2007, am Vorabend der Krise, 9500 Milliarden Euro. Der Reichtum der Franzosen ist 2008/09 leicht zurückgegangen, seit 2010 aber wieder gestiegen und derzeit liegt er bei über 10 000 Milliarden. Betrachtet man diese Zahlen im historischen Kontext, so fällt auf, dass es den Vermögen seit einem Jahrhundert nicht mehr so gut ging wie heute.[3] Das private Nettovermögen entspricht aktuell dem Gegenwert von sechs Jahren des Nationaleinkommens, während es in den 1980er Jahren bei weniger als dem Vierfachen und in den 1950er Jahren nicht einmal beim Dreifachen des jährlichen Nationaleinkommens lag. Um eine solche Blüte

---

3 Vgl. T. Piketty: «On the Long-Run Evolution of Inheritance: France 1820–2050», in: École d'économie de Paris, Working Paper, 2010 bzw. Quarterly Journal of Economics 126 (2011), S. 1071–1131. Die Texte sind online verfügbar auf www.piketty.pse.ens.fr.

der französischen Vermögen wiederzufinden, mit Kapital-Einkommen-Verhältnissen von 6 bis 7, muss man bis zur Belle Époque (1900–1910) zurückgehen.

Die gegenwärtige Blüte der Vermögen ist denn auch nicht einfach eine Konsequenz der Deregulierung. Vielmehr ist sie zum einen zurückzuführen auf einen Prozess der langfristigen Erholung des Kapitals nach den gewaltigen Schocks der ersten Hälfte des 20. Jahrhunderts. Zum anderen ist sie eine Folge des schwachen Wachstums der letzten Jahrzehnte, das automatisch zu sehr hohen Kapital-Einkommen-Verhältnissen führt. Wir leben, und das ist auf lange Sicht entscheidend, in einer historischen Phase, in der es um die Vermögen in den reichen Ländern sehr gut bestellt ist, Produktion und Einkommen jedoch sehr schwache Wachstumsraten verzeichnen. Während der *Trente Glorieuses* in Frankreich oder des «Wirtschaftswunders» in Deutschland hatte man sich zu Unrecht eingebildet, in einem anderen Stadium des Kapitalismus, gleichsam einem Kapitalismus ohne Kapital, angekommen zu sein. In Wahrheit handelte es sich nur um die vorübergehende Phase eines Kapitalismus des Wiederaufbaus. Langfristig kann es keinen anderen Kapitalismus geben als einen patrimonialen, der vom Vermögen und seiner Vererbung bestimmt ist.

Die seit den 1980er Jahren betriebene Deregulierung hat allerdings eine zusätzliche Schwierigkeit geschaffen. Sie hat das Finanzsystem und den globalisierten Patrimonialkapitalismus dieses beginnenden Jahrhunderts extrem anfällig, volatil und unvorhersehbar werden lassen. Ganze Sektoren der Finanzwirtschaft haben sich ohne jede Kontrolle entwickelt, bar aller Aufsichtsregeln und ohne jede Rechnungslegung, die des Namens würdig wäre. Selbst die elementarsten internationalen Finanzstatistiken sind mit systematischen Unstimmigkeiten behaftet. So weisen sie zum Beispiel auf globaler Ebene die Nettovermögenspositionen insgesamt als negativ aus, was logisch unmöglich ist, es sei denn, man wollte annehmen, wir befänden uns zu einem Gutteil im Besitz des Planeten Mars. Wie Gabriel Zucman jüngst gezeigt hat, geht diese Unstimmigkeit darauf zurück, dass ein nicht unbeträchtlicher Teil der finanziellen Vermögenswerte, die in Steueroasen versteckt sind, nicht korrekt erfasst werden.[4] Davon ist insbesondere die Nettoauslandsposition der Eurozone betroffen, die sehr viel positiver ist, als die amtlichen Statistiken es erkennen lassen. Infolge einer ganz einfachen Tatsache: Vermögende Europäer haben allen Grund, einen Teil ihrer Aktiva zu verbergen, und die Europäische Union tut derzeit nicht das, was sie tun sollte und tun könnte, um sie daran zu hindern.

Unser Kontinent steht, allgemeiner formuliert, aufgrund der politischen Zerstückelung Europas und seiner Unfähigkeit, sich zu vereinigen, der Instabilität und Undurchsichtigkeit des Finanzsystems besonders hilflos gegenüber. Um Steuerregelungen und aufsichtsrechtliche Vorschriften durchzusetzen, die den globalisierten Märkten und Finanzinstituten gewachsen sind, ist der europäische Nationalstaat des 19. Jahrhunderts ganz offenbar nicht mehr das Maß aller Dinge.

Europa hat mit einer weiteren Schwierigkeit zu kämpfen. Seine Währung, der Euro, und seine Zentralbank, die Europäische Zentralbank (EZB), sind das Werk der aus-

---

4 Gabriel Zucman: «The missing wealth of Nations: are Europe and the U.S. net debtors or net creditors?», in: Quarterly Journal of Economics 128 (2013), S. 1321–64. Online verfügbar auf www.parisschoolofeconomics.eu/zucman-gabriel/.

gehenden 1980er und beginnenden 1990er Jahre (die ersten Eurobanknoten wurden erst 2002 in Umlauf gebracht, aber die Maastrichter Verträge wurden 1992 ratifiziert), zu einem Zeitpunkt, da man dachte, die einzige Funktion der Zentralbanken sei es, sich in Untätigkeit zu üben und ein Auge darauf zu haben, dass die Inflation schwach bleibt und die Geldmenge mehr oder weniger mit der gleichen Geschwindigkeit wächst wie die Wirtschaftstätigkeit. Nach der «Stagflation» der 1970er Jahre waren Regierungen und öffentliche Meinung zu der Überzeugung gelangt, Zentralbanken sollten vor allem unabhängig von der Politik sein und sich auf das eine und einzige Ziel einer niedrigen Inflation konzentrieren. In diesem Klima fiel die Entscheidung, zum ersten Mal in der Geschichte eine Währung ohne Staat und eine Zentralbank ohne Regierung ins Leben zu rufen.

Über alledem hatte man vergessen, dass Zentralbanken in schweren Wirtschafts- und Finanzkrisen ein Werkzeug sind, um Finanzmärkte zu stabilisieren und eine Welle von Bankenpleiten ebenso zu verhindern wie eine allgemeine Wirtschaftsdepression. Wie unverzichtbar diese Rolle der Zentralbanken tatsächlich ist – das ist die große Lehre, die uns die Finanzkrise der letzten Jahre erteilt hat. Hätten die beiden größten Zentralbanken der Welt, die amerikanische Federal Reserve (Fed) und die EZB, nicht beträchtliche Mengen von Banknoten gedruckt, um sie zu niedrigen Zinssätzen von 0–1 % den Banken zu leihen, dann wäre es aller Wahrscheinlichkeit nach zu einer ähnlich umfassenden Depression wie in den 1930er Jahren gekommen, mit Arbeitslosenquoten von über 20 %. Zum Glück konnten Fed und EZB das Schlimmste verhindern und haben die Irrtümer der 1930er Jahre vermieden, als man eine Bank nach der anderen Bankrott gehen ließ. Das unbegrenzte

Vermögen der Geldschöpfung, über das Zentralbanken verfügen, muss gewiss sorgfältig eingehegt werden. Aber im Angesicht schwerer Krisen wäre es selbstmörderisch, ein solches Werkzeug aus der Hand zu geben und auf die Zentralbanken als Kreditgeber letzter Instanz zu verzichten.

Unglücklicherweise hat dieser geldpolitische Pragmatismus nicht nur geholfen, 2008/09 das Schlimmste zu verhindern und den Flächenbrand fürs erste einzudämmen. Er hat auch dazu geführt, dass man nicht gründlich genug nach den strukturellen Ursachen des Desasters gesucht hat. Die Finanzaufsicht hat seit 2008 nur sehr bescheidene Fortschritte gemacht, und man hat so getan, als ob man nicht wüsste, wie sehr die Krise auch Folge der Ungleichheit war. Die Stagnation der Einkommen in der Unterschicht wie der Mittelschicht und die wachsende Ungleichheit insbesondere in den Vereinigten Staaten (wo fast 60 % des Wachstums zwischen 1977 und 2007 von den reichsten 1 % abgeschöpft worden ist) haben zum explosionsartigen Anstieg privater Verschuldung ganz offenbar beigetragen.[5]

Vor allem hat die Rettung der Privatbanken durch die Zentralbanken die Krise nicht daran gehindert, 2010/11 mit der Staatsschuldenkrise der Eurozone in eine neue Phase einzutreten. Entscheidend ist aber in diesem Zusammenhang, dass dieses zweite Kapitel der Krise nur in der Eurozone spielt. Die Vereinigten Staaten, Großbritannien und Japan haben eine höhere (oder gleiche) Staatsschuld als wir (mit Schulden in Höhe von 100 %, 80 % und 200 % des

---

5 Vgl. die *World Top Incomes Database*. Online verfügbar auf www.paris-schoolofeconomics.eu/topincomes/.

BIP gegenüber etwa 95 % in der Eurozone). Aber sie haben keine Schuldenkrise – und das aus einem einfachen Grund: Die amerikanische Federal Reserve, die Bank von England und die Bank von Japan leihen ihren jeweiligen Regierungen Geld zu niedrigen Zinsen – weniger als 2 % –, was die Märkte beruhigt und die Zinssätze stabilisiert. Verglichen damit hat die EZB den Staaten der Eurozone bislang noch eher wenig geliehen – daher die gegenwärtige Krise.

Um dieses Sonderverhalten der EZB zu erklären, verweist man gemeinhin auf alte deutsche Traumata. Deutschland habe Angst, in die Hyperinflation der 1920er Jahre zurückzufallen. Diese Erklärung scheint mir nicht sonderlich überzeugend. Niemand glaubt im Ernst, die Welt sei auf dem Weg in die Hyperinflation. Was uns heute droht, ist vielmehr eine lange deflationäre Rezession mit einem Sinken oder einer Stagnation der Preise, der Löhne und der Produktion. Tatsächlich hat die enorme Geldschöpfung von 2008/09 keinerlei nennenswerte Inflation hervorgerufen. Und das wissen auch die Deutschen.

Eine weitere mögliche Erklärung lautet, dass man nach jahrzehntelanger Staatsschelte inzwischen so weit sei, Hilfe für Banken weniger anstößig zu finden als Hilfe für Staaten. In den beiden Ländern, in denen die Verunglimpfung des Staates ihren Zenit schon erreicht hatte, in den Vereinigten Staaten und Großbritannien, waren die Zentralbanken freilich am Ende pragmatisch genug, um ohne zu zögern massiv Staatsanleihen zu kaufen.

In Wahrheit liegt das Problem, mit dem wir es zu tun haben, der Hauptgrund unserer Schwierigkeiten, ganz einfach darin, dass die Eurozone und die EZB von Anfang an schlecht durchdachte Konstruktionen waren. Und es ist natürlich schwierig, wiewohl nicht unmöglich, die erforderlichen Regeln erst aufzustellen, wenn man schon mitten in der Krise steckt. Der Grundirrtum lag darin, sich einzubilden, man könne eine Währung ohne Staat, eine Zentralbank ohne Regierung und eine gemeinsame Geldpolitik ohne gemeinsame Haushaltspolitik haben. Eine gemeinsame Währung ohne gemeinsame Schuld kann nicht funktionieren. In ruhigen Zeiten mag dies gerade noch gutgehen, aber in Krisenzeiten kann es direkt in die Katastrophe führen.

Durch die gemeinsame Währung konnte man der Spekulation auf die 17 verschiedenen Wechselkurse der Eurozone ein Ende setzen. Niemand kann mehr darauf wetten, dass die Drachme gegenüber dem Franc, oder der Franc gegenüber der Mark fällt. Man hatte allerdings nicht vorausgesehen, dass an die Stelle der Spekulation auf Wechselkurse eine Spekulation auf die 17 Zinssätze der Staatsschulden in der Eurozone treten würde. Und diese zweite Form der Spekulation ist in mancher Hinsicht noch schlimmer als die erste. Wenn man über seinen Wechselkurs angegriffen wird, kann man sich stets entschließen, die Flucht nach vorne anzutreten und die eigene Währung abzuwerten, um sein Land zumindest wieder wettbewerbsfähiger zu machen. Seitdem sie eine einzige Währung haben, ist den Ländern der Eurozone diese Möglichkeit jedoch verwehrt. Theoretisch hätten sie im Austausch finanzielle Stabilität gewinnen müssen – was ganz offenbar nicht der Fall ist.

Die Zinsspekulation, mit der wir es heute zu tun haben, ist deshalb besonders tückisch, weil sie es uns unmöglich macht, unsere öffentlichen Haushalte wieder ins Gleichgewicht zu bringen. Die Summen, um die es geht, sind in der Tat beträchtlich. Auf Staatsschulden in Höhe von 100 % des BIP Zinsen von 5 % statt 2 % zu zahlen, erhöht die jährliche Zinslast von 2 % des BIP auf 5 %. Die Differenz aber, 3 % des BIP (das sind in Frankreich 60 Milliarden Euro), entspricht den vereinten Budgets für Hochschulbildung, Forschung, Justiz und Arbeit! Wenn man nicht weiß, ob sich der Zinssatz im nächsten Jahr auf 2 % oder aber auf 5 % beläuft, ist es unmöglich, über Ausgaben, die gesenkt, und Abgaben, die erhöht werden müssen, eine ruhige demokratische Debatte zu führen.

Das ist umso bedauerlicher, als die europäischen Vorsorgestaaten erkennbar reformiert, modernisiert und rationalisiert werden müssen. Und das nicht nur, um das Haushaltsgleichgewicht wiederherzustellen und finanzielle Nachhaltigkeit zu schaffen, sondern zunächst und vor allem, um für einen besseren öffentlichen Dienst, eine höhere Reaktionsfähigkeit auf individuelle Situationen und besser verbürgte Rechte zu sorgen. Die Linke muss in diesen Fragen wieder die Initiative ergreifen, ob es nun um die Modernisierung unseres Steuerwesens geht,[6] um die Neufassung unseres Rentensystems[7] oder um die Autonomie unserer Universitäten.

Aber wie sollen solche Debatten besonnen geführt werden, solange wir auf Gedeih und Verderb von solchen gewaltigen Zinsspekulationen abhängig sind? Und machen wir uns nichts vor: Was in Spanien und Italien geschehen ist – mit Zinssätzen, die über 5–6 % liegen – kann durchaus auch

---

6   Vgl. zum Beispiel C. Landais, T. Piketty, E. Saez: Pour une révolution fiscale. Un impôt sur le revenu pour le 21ème siècle, Paris: Seuil 2010, S. 48–53. Siehe auch www. revolution-fiscale.fr.
7   Vgl. zum Beispiel A. Bozio, T. Piketty: Pour un nouveau système de retraite. Des comptes individuels de cotisations financés par répartition, Paris: Editions Rue d'Ulm 2008. Online verfügbar auf www.piketty.pse.ens.fr.

Frankreich widerfahren. Falls es dahin kommt, und wir Zinsen in dieser Höhe oder auch nur von 4 % zahlen müssen, während Großbritannien bei gleicher Ausgangsverschuldung dank seiner Zentralbank nur 2 % zahlt, dann wird es sehr schnell sehr schwierig werden, den Euro in Frankreich zu verteidigen. Und wenn eine solche Situation andauert, und sei es auch nur für ein oder zwei Jahre, dann wird es nicht lange dauern, bis die gemeinsame Währung extrem unbeliebt ist.

Was tun? Die einzig nachhaltige Lösung, um der Spekulation auf die 17 Zinssätze der Eurozone nachhaltig Einhalt zu gebieten, besteht darin, unsere Schuld zu vergemeinschaften, eine gemeinsame Schuld zu schaffen (die «Eurobonds»). Und diese Lösung ist zugleich die einzige Strukturreform, die es der Europäischen Zentralbank erlauben wird, ihrer Rolle als Kreditgeber letzter Instanz wirklich gerecht zu werden. Gewiss, die EZB kann jetzt schon mehr Staatsschulden von Euroländern auf den Märkten kaufen, und diese Notlösung wird wahrscheinlich auch in Zukunft eine Schlüsselrolle spielen. Aber solange die EZB es mit den Schulden von 17 souveränen Staaten zu tun hat, steht sie vor einem unlösbaren Problem. Welche Schuld soll sie kaufen, und zu welchem Zinssatz? Müsste die Fed sich jeden Morgen zwischen der Schuld von Wyoming, Kalifornien und New York entscheiden, würde auch sie sich schwertun, mit ruhiger Hand Geldpolitik zu betreiben.

Wenn es gemeinsame Schuldtitel geben soll, muss jedoch zugleich eine starke und demokratisch legitimierte europäische Instanz entstehen. Man kann keine Eurobonds schaffen, um dann jeder nationalen Regierung die Entscheidung darüber zu überlassen, wie viel sie von dieser gemeinsamen Schuld aufnimmt. Und diese Instanz kann nicht der Europäische Rat oder der EU-Finanzministerrat sein. Wir müssen auf dem Weg zu einer politischen Union und den Vereinigten Staaten von Europa einen gewaltigen Schritt nach vorn tun. Andernfalls wird man früher oder später mit einem gewaltigen Schritt zurück liebäugeln, nämlich mit der Abschaffung des Euro. Die einfachste Lösung wäre es, dem Europäischen Parlament endlich wirkliche Haushaltsbefugnisse einzuräumen. Dieses Parlament hat freilich den Nachteil, dass 28 EU-Staaten in ihm vertreten sind, von denen viele der Eurozone nicht angehören. Eine andere Lösung, die ich in meiner Intervention vom 22. November 2011 genannt habe, bestünde darin, eine Art «Europäischen Haushaltssenat» zu schaffen, in dem Abgeordnete der Finanz- und Sozialausschüsse derjenigen nationalen Parlamente vertreten sein müssten, deren Länder zu einer Vergemeinschaftung ihrer Schulden bereit wären. Dieser Senat wäre federführend bei den Entscheidungen über die Emission gemeinsamer Schulden (was die einzelnen Länder nicht darin hindern würde, nationale Schuldtitel auszugeben, für die es dann allerdings keine Gemeinschaftshaftung gäbe). Der zentrale Punkt ist, dass dieser Senat wie alle Parlamente seine Beschlüsse durch Mehrheitsentscheidung träfe – in öffentlichen, transparenten und demokratischen Debatten.

Darin liegt die große Differenz zum Europäischen Rat, dem Gremium der Staats- und Regierungschefs, das zur Erhaltung des Status quo und zur Tatenlosigkeit neigt, weil es auf dem Prinzip einstimmiger (oder quasi-einstimmiger) Entscheidungen beruht. Zumeist wird gar kein Beschluss gefasst – und falls es einmal wie durch ein Wunder zu einer einstimmigen Entscheidung kommt, ist es fast unmöglich herauszufinden, warum sie getroffen wurde. Das ist das genaue Gegenteil einer demokratischen Debatte in einem parlamentarischen Forum. Heute abermals über einen neuen EU-Vertrag zu verhandeln, der völlig einer intergouvernementalen Logik verpflichtet bleibt (von der er nur darin abweicht, dass er nicht mehr die Zustimmung von 100 %, sondern nur noch von 85 % erfordert), wird den drängenden Herausforderungen nicht gerecht. Und so wird es auch nicht möglich sein, Eurobonds zu schaffen, was entschieden mehr Mut in Sachen politischer Union erfordert, einen Mut, zu dem die Deutschen allem Anschein nach sogar eher bereit sind als die Franzosen.

Teil 1

TAUSEND MILLIARDEN DOLLAR

(2008–2009)

SOLL MAN DIE BANKER RETTEN?

30. September 2008

Wird die Finanzkrise zu einem Comeback des Staates auf der sozialen und politischen Bühne führen? Für eine Antwort auf diese Frage ist es zu früh. Aber es dürfte hilfreich sein, die Begriffe, in denen die Debatte darüber geführt wird, zu klären und ein paar Missverständnisse auszuräumen. Die von der amerikanischen Regierung betriebene Bankenrettung und die Reformierung des Systems der Finanzregulierung stellen an sich noch keine historische Wende dar. Gewiss ist es beeindruckend, wie rasch und pragmatisch amerikanisches Schatzamt und Federal Reserve ihre Leitsätze den täglich wechselnden Umständen anpassen. Sie wagen sich an die vorübergehende Verstaatlichung ganzer Sektoren des Finanzsystems, obwohl es noch dauern wird, bis sich die Nettokosten beziffern lassen, die am Ende auf den Steuerzahler zukommen – die Kosten der gegenwärtigen Interventionen könnten die bislang erreichten Niveaus leicht übertreffen. Inzwischen ist von Beträgen zwischen 700 und 1400 Milliarden Dollar die Rede. Das sind 5 bis 10 Prozentpunkte des amerikanischen BIP, während das Debakel der *Savings and Loans Crisis* in den 1980er Jahren nur Kosten in Höhe von 2,5 Prozentpunkten des BIP verursacht hatte.

Dennoch steht diese Art der Intervention auf dem Finanzsektor in gewissem Maße in der Kontinuität erprobter politischer Grundsätze und Maßnahmen. Von einem sind die amerikanischen Eliten seit den 1930er Jahren überzeugt: Die Krise von 1929 konnte ein solches Ausmaß nur annehmen und den Kapitalismus an den Rand des Abgrunds führen, weil Federal Reserve und öffentliche Hand das Schicksal der Banken durch die Weigerung besiegelt hatten, ausreichend Liquidität bereitzustellen, um das Vertrauen und das stabile Wachstum der Realwirtschaft wiederherzustellen. Für bestimmte amerikanische Liberale verträgt sich der Glaube an die Interventionen der Federal Reserve durchaus mit der Skepsis gegenüber jeder staatlichen Intervention, die nicht auf die Finanzwelt beschränkt ist. Um den Kapitalismus zu retten, so ihre Überzeugung, brauchen wir eine gute, also reaktionsschnelle und anpassungsfähige Fed – aber beileibe keinen verweichlichenden *welfare state*, wie ihn die Rooseveltianer in den Vereinigten Staaten schaffen wollten. Ohne diesen historischen Kontext zu kennen, wäre man womöglich erstaunt, wie rasch die amerikanischen Finanzbehörden eingreifen.

Wird es dabei bleiben? Das hängt von der Präsidentschaftswahl ab. Ein Präsident Obama könnte die Gelegenheit ergreifen und den Staat nicht nur auf dem Finanzsektor, sondern auch in anderen Bereichen, etwa dem der Krankenversicherung und des Abbaus von Ungleichheiten, eine größere Rolle spielen lassen. Angesichts des Haushaltslochs, das die Regierung Bush hinterlässt (Militärausgaben, Finanzhilfe), steht allerdings zu befürchten, dass der Handlungsspielraum für eine Gesundheitsreform begrenzt ist. Die Bereitschaft der Amerikaner, höhere Steuern zu zahlen, ist nicht unendlich. Wie ambivalent der derzeitige ideologische Kontext ist, veranschaulicht auch die im Kongress geführte Debatte über eine Begrenzung der Vergütungen in der Finanzwirtschaft. Gewiss spürt man

wachsende Empörung über die Explosion der Spitzen-
gehälter von Managern und Tradern in den letzten drei
Jahrzehnten. Aber die ins Auge gefasste Lösung, die eine
Maximalvergütung von 400 000 Dollar in den vom Steuerzahler geretteten Finanzinstituten vorsieht (das entspricht
dem amerikanischen Präsidentengehalt), ist eine partielle
Antwort – und vor allem eine, die sich leicht umgehen lässt.
Es genügt, die Zahlung höherer Gehälter in andere Unternehmen zu verlagern.

Nach der Krise von 1929 war Roosevelts Antwort auf die
Bereicherung der Wirtschafts- und Finanzeliten, die gerade noch das Land in die Krise gestürzt hatten, sehr viel
schonungsloser ausgefallen. Der Steuersatz der Bundesein-
kommensteuer für die höchsten Einkommen wurde 1932
von 25 % auf 63 % angehoben, 1936 auf 79 % und 1941 auf
91 %. Erst in den 1980er Jahren senkten ihn die Regierungen
Reagan und Bush auf 30 %–35 % (Obama schlägt vor, ihn
wieder auf 45 % zu erhöhen). Fast fünfzig Jahre aber, von
den 1930er Jahren bis 1980, fiel der Spitzensteuersatz nicht
bloß nie unter 70 %, sondern lag im Durchschnitt bei mehr
als 80 %. Im aktuellen Kontext, in dem es in den Rang eines
Menschenrechts erhoben wurde, sich Boni und Goldene
Fallschirme zu genehmigen, ohne mehr als 50 % Steuern
zahlen zu müssen, werden viele eine solche Politik als vor-
zeitlich und räuberisch betrachten. Dennoch wurde sie in
der größten Demokratie der Welt ein halbes Jahrhundert
lang praktiziert – was das Funktionieren der amerikanischen Wirtschaft offenbar nicht beeinträchtigt hat. Der
Vorzug dieser Politik lag vor allem darin, dass sie
Führungskräften sehr viel weniger Anreize bot, sich über
ein bestimmtes Maß hinaus aus der Kasse zu bedienen.
Ohne eine vollständige Neufassung der Regeln transparen-

ter Buchführung und ein schonungsloses Vorgehen gegen Steueroasen werden sich solche Mechanismen unter der Voraussetzung globalisierter Finanzmärkte zweifellos nicht einführen lassen. Leider wird es wohl noch eine ganze Reihe von Krisen brauchen, bis es dazu kommt.

TAUSEND MILLIARDEN DOLLAR

28. Oktober 2008

Vierzig Milliarden, um die französischen Banken zu rekapitalisieren, 320 Milliarden, um für ihre Verbindlichkeiten zu bürgen, 1700 Milliarden in Europa insgesamt. Wer bietet mehr? Die Regierungen der reichen Länder haben sich in einen Wettstreit darüber gestürzt, wer den gewaltigsten Rettungsschirm aufspannt, und sind damit große Risiken eingegangen.

Zunächst einmal gibt es keine Garantie dafür, dass diese Kommunikationsstrategie dazu beiträgt, die Krise zu überwinden und eine schmerzhafte Rezession zu vermeiden. Finanzmärkte mögen große Zahlen. Aber sie wissen auch gerne, wozu das Geld dienen soll, wer genau über derartige Summen verfügt, für wie viele Jahre, unter welchen Bedingungen etc. Über all das herrscht völlige Unklarheit. In Wahrheit verhalten sich unsere Regierungen nicht besser als die Unternehmen, die sie regulieren sollen. Alle Tricks aus dem Lehrbuch der unsauberen Buchführung werden aufgeboten, wobei unser Staatspräsident (Anm. d. Red.: Nicolas Sarkozy) sich eine besondere Erwähnung verdient hat. Jährliche Kapitalströme und Kapitalbestände, frisches Geld und bloße Bankbürgschaften werden durcheinandergebracht, ein und dieselben Vorgänge mehrfach gebucht. Und schließlich wird alles addiert. Je größer die Summe, desto leichter kommt man damit durch. Das führt zu einer grotesken Situation, in der amerikanische und französische

Behörden überstürzt und ohne wirkliche Gegenleistung Geld an Banken verleihen, die dieses Geld gar nicht wollen. Die zehn Milliarden, die letzte Woche den großen französischen Bankhäusern geliehen wurden, sollten das Kreditgeschäft wiederbeleben. Aber mehr als ein Lippenbekenntnis dazu wurde den Banken nicht abverlangt. Dabei gibt es bereits ein ganzes Arsenal von Rechtsvorschriften und Regeln, um Banken zu zwingen, einen Teil ihres Kapitals kleinen und mittelständischen Unternehmen zu leihen. Man hätte in diesen Krisenzeiten gut daran getan, es zu prüfen und auf den neuesten Stand zu bringen.

Vor allem aber führt diese Strategie, die auf die trügerische Ausrufung von Summen in dreistelliger Milliardenhöhe setzt, zu einer tiefen Verunsicherung der Bürger. Über Monate müssen sie sich anhören, die Kassen seien leer und jede Gelegenheit, ein paar Dutzend Millionen Euro einzusparen, müsse genutzt werden – aber um die Banker zu retten, scheint der Staat mit einem Mal willens, unbegrenzt Schulden anzuhäufen!

Für Verwirrung sorgt zunächst, dass ständig jährliche Einkommensströme und Kapitalbestände durcheinandergebracht werden, obgleich diese sehr viel umfangreicher sind als jene. In Frankreich etwa beläuft sich das jährliche Nationaleinkommen, also das um den Verschleiß von Betriebsmitteln verminderte BIP, auf etwa 1700 Milliarden Euro (30 000 pro Einwohner). Der Kapitalstock dagegen beträgt 12 500 Milliarden Euro (200 000 pro Einwohner). Um auf die amerikanischen oder europäischen Niveaus zu kommen, müssen diese Beträge grosso modo mit sechs multipliziert werden: 10 000 Milliarden Einkommen, 60 000 Milliarden Vermögen.

Der zweite entscheidende Punkt ist, dass Einkommen

und Vermögen zu 80 % den Haushalten gehören. Unternehmen besitzen naturgemäß fast nichts, weil sie den Großteil dessen, was sie produzieren, an Beschäftigte und Aktionäre ausschütten. Das erklärt, weshalb durch den ersten, von der *Subprime*-Krise ausgelösten Schock (ein Sektor, der auf etwa 1000 Milliarden Dollar geschätzt wird, das entspricht 10 Millionen amerikanischer Haushalte, von denen jeder 100 000 Dollar Schulden hat) das gesamte Finanzsystem zusammenzubrechen drohte, obwohl er in Relation zum Gesamtvermögen von bescheidenem Umfang war. So weist etwa die größte französische Bank, BNP Paribas, 1690 Milliarden Aktiva gegenüber 1650 Milliarden Passiva, also 40 Milliarden Eigenkapital, aus. Die Bücher von Lehman Brothers sahen vor der Pleite nicht wesentlich anders aus, ganz wie die anderer Banken auf der ganzen Welt. Banken sind, das darf man nicht vergessen, anfällige Organismen, für die eine Entwertung von Aktiva in Höhe von 1000 Milliarden ein lebensbedrohlicher Schock sein kann.

Angesichts dieser Lage der Dinge ist eine Intervention zur Vermeidung der Systemkrise legitim. Aber sie kann es nur sein, wenn mehrere Bedingungen erfüllt sind. Zunächst muss sichergestellt sein, dass Aktionäre und Führungskräfte der vom Steuerzahler geretteten Banken den Preis für ihre Irrtümer zahlen. Das war bei den jüngsten Interventionen nicht immer der Fall. Dann muss vor allem eine schonungslose Finanzregulierung her, die darüber, dass niemand mehr ungestraft toxische Papiere auf den Markt bringt, ebenso streng wacht wie Ämter für Lebensmittelsicherheit über die Einführung neuer Lebensmittel. Das wird freilich nicht gelingen können, solange Aktiva im Wert von 10 000 Milliarden in Steueroasen verwaltet werden. Schließlich wird man mit den obszönen Vergütungen aufräumen müssen, die im Finanzwesen gezahlt werden und die Risikobereitschaft stark erhöht haben. Geschehen kann dies nur durch eine progressivere Besteuerung der höchsten Einkommen – die in diametralem Gegensatz zur französischen Politik der Steuerobergrenze steht, der es darum zu tun ist, gerade diejenigen, die am meisten vom System profitieren, von vornherein davon zu dispensieren, ihre Rechnung zu begleichen. Solange sich an dieser Strategie nichts ändert, wird man mit sozialen und politischen Krisen rechnen müssen, die noch sehr viel gewaltiger ausfallen könnten.

SOLL MAN DIE
MEHRWERTSTEUER SENKEN?

23. Dezember 2008

Was soll man von der scharfen Kritik halten, die in Frankreich und Deutschland am britischen Konjunkturprogramm geübt wird? Zunächst ist festzuhalten, dass es nach den sechs Monaten französischer Ratspräsidentschaft – wie sehr Frankreich sich selbst auch zu ihr beglückwünschen mag – um Europa schlechter steht als je zuvor. Es soll hier nicht behauptet werden, die von Gordon Brown beschlossene Senkung des Mehrwertsteuersatzes von 17,5 % auf 15 % sei das Wundermittel gegen Rezession. Jedes Land hat seine Besonderheiten, und es ist offensichtlich, dass Großbritannien, dessen Finanzsektor von der globalen Krise mit voller Wucht getroffen wurde, so oder so schweren Stunden entgegensieht. Dass der Plan aber von der französischen und deutschen Regierung sofort einhellig zurückgewiesen wurde, ohne jede Debatte, ist bedauerlich. Und das umso mehr, als die gegen die Senkung der Mehrwertsteuer vorgebrachten Argumente so widersprüchlich wie ökonomisch unbegründet sind.

Der erste Einwand gegen die Mehrwertsteuersenkung lautet, sie werde nicht vollständig als Preissenkung an den Verbraucher weitergegeben. Dabei ist gar nicht einzusehen, weshalb dies notwendig sein soll. Ökonomisch betrachtet ist es völlig normal, dass Mehrwertsteuersenkungen, je nach der Elastizität von Angebot und Nachfrage bestimmter

Güter in den verschiedenen Sektoren, zwischen Unternehmen und Verbrauchern aufgeteilt werden. In Sektoren, in denen Überkapazität der Produktion herrscht, führt der Wettbewerb zu starkem Preisverfall und zu steigender Nachfrage. In Sektoren, in denen neue Investitionen erforderlich sind, gestatten es dagegen die Mehrwertsteuersenkungen den Unternehmen, ihre Margen wiederherzustellen, was eine hervorragende Sache ist. Die Mehrwertsteuersenkung führt also zu einer Ankurbelung der Nachfrage wie der Investition, ganz im Sinne der Theorie der Steuerwirkung. Der sozialdemokratische Finanzminister Deutschlands wäre besser beraten gewesen, einen Blick in sein Wirtschaftshandbuch zu werfen, bevor er die Briten eines «grobschlächtigen Keynesianismus» bezichtigt.

Der zweite Einwand gegen Mehrwertsteuersenkungen lautet, sie förderten vor allem die Importe. Natürlich sind koordinierte Senkungen vorzuziehen. Daher der interessante Vorschlag der Bruegel-Denkfabrik, die Mehrwertsteuer in sämtlichen europäischen Ländern um mindestens einen Prozentpunkt zu senken. Aber die ganze Steuer- und Haushaltsdebatte der Frage der Importe zu unterstellen, ist völlig unsinnig! 2007 hat sich der Import von Konsumgütern (von Textilien über Spielzeug und Elektronik bis zu Schuhen) insgesamt auf kaum 70 Milliarden Euro belaufen, also genau 7 % von den mehreren 1000 Milliarden Euro, die von den französischen Haushalten verbraucht werden. Was die Gesamtheit der Importe anbelangt, so macht sie 25 % des BIP aus (von denen 70 % aus innereuropäischem Handel stammen). Tatsächlich liegt der Importanteil bei den Investitionsgütern und Vorleistungen sehr viel höher als bei den Konsumgütern. Die maßgebliche Tatsache ist letztlich, dass Güter und Dienstleistungen, die in Frankreich produziert und konsumiert (oder investiert) werden, 75 % des BIP ausmachen. Die Analyse eines Fiskalinstruments wie der Mehrwertsteuer auf die Frage nach seiner Auswirkung auf die Handelsbeziehungen zu reduzieren, ist eine unglaubliche Verkürzung. Wenn man wirklich glaubt, das Wohl der Franzosen hänge von einer stärkeren Besteuerung importierter Güter ab, dann soll man die Importsteuern erhöhen, aber aufhören, die gesamte Steuerdebatte mit dieser Frage zu blockieren. Wie Paul Krugman für die Vereinigten Staaten eindringlich gezeigt hat, macht diese Obsession für die Frage nach dem Import und der Wettbewerbsfähigkeit letztlich jede Form ökonomischen Denkens zunichte, bei der Rechten (wo die Ayatollahs der Sozialen Mehrwertsteuer sich offenbar anschicken, ihren Plan einer Mehrwertsteuererhöhung wieder aufzuwärmen!) so gut wie bei der Linken. Bestimmte französische Sozialisten sind nicht weit von diesem Gedankengut entfert, was ihr schüchterner Vorschlag belegt, die Mehrwertsteuer «gezielt» zu senken (klarer formuliert: die allgemeine Mehrwertsteuer, die einzige, die makroökonomisch von Belang ist, nicht zu senken).

Das ist umso bedauerlicher, als ein zusätzlicher Vorteil der Konjunkturförderung durch Senkung der Mehrwertsteuer darin liegt, dass sie transparent ist und sofort Wirkung zeigt (im Gegensatz zum Beispiel zu öffentlichen Investitionen, die Jahre brauchen, bevor sie wirksam werden). Durch Senkung der Mehrwertsteuer führt man der Wirtschaft hartes Geld zu, anders als durch die Bilanzmanipulationen und andere Kommunikationsstrategien, die gegenwärtig auf der Tagesordnung stehen. Wagen wir eine Prognose und äußern wir einen Wunsch: Die Debatte über eine Konjunkturförderung durch Mehrwertsteuersenkung könnte 2009 durchaus wieder aktuell werden.

OBAMA-ROOSEVELT –
EINE TRÜGERISCHE ANALOGIE

20. Januar 2009

Wird Obama ein neuer Roosevelt sein? Die Analogie ist verlockend, aber aus mehr als einem Grund trügerisch. Der naheliegendste ist das völlig andere Timing. Bei Roosevelts Amtseinführung im März 1933 scheint die Wirtschaftslage ganz und gar hoffnungslos. Seit 1929 ist die Produktion um mehr als 20 % eingebrochen und die Arbeitslosenquote auf 25 % gestiegen – ganz zu schweigen von der alarmierenden internationalen Lage. Nach der desaströsen Präsidentschaft Hoovers, der sich drei Jahre lang in seine «liquidationistische» Strategie verrannt hatte, die es darauf anlegte, die «schlechten» Banken eine nach der anderen Bankrott gehen zu lassen, und einer dogmatischen Staatsfeindschaft frönte (Haushaltsüberschuss bis 1931, keinerlei Erhöhung der öffentlichen Ausgaben), sehnten die Amerikaner sich nach einer tiefgreifenden Wende und hofften auf Roosevelt wie auf den Messias. Es ist diese verzweifelte Lage, die ihm die Möglichkeit einer radikal neuen Politik eröffnet.

Um die Finanzeliten zu strafen, die sich bereichert hatten, während sie das Land an den Rand des Abgrunds führten, und um eine gigantische Expansion des Bundesstaates zu finanzieren, entschließt er sich binnen weniger Jahre, den Steuersatz für die höchsten Einkommen und Erbschaften auf 80–90 % anzuheben. Fast ein halbes Jahrhundert lang wird er sich auf diesem Niveau halten.

Obama, der wenige Monate nach dem Ausbruch der Krise an die Macht kommt, sieht sich mit einer ganz anderen Situation und einem sehr viel unglücklicheren Timing konfrontiert. Die Rezession ist noch weit davon entfernt, die apokalyptischen Ausmaße der 1930er Jahre anzunehmen – und das schränkt den Handlungsspielraum ein, der Obama zur Ergreifung revolutionärer Maßnahmen zu Gebote steht. Zudem läuft er Gefahr, für eine mögliche Verschärfung der Rezession verantwortlich gemacht zu werden, was Roosevelt nicht passieren konnte. Seiner Legitimität weniger gewiss als Roosevelt, war Obama denn auch vorsichtig genug, sein Vorhaben einer stärkeren steuerlichen Belastung hoher Einkommen aufzuschieben. Er hat sich entschlossen, fürs erste nur die Steuererleichterungen der Bush-Ära auslaufen zu lassen: Der Steuersatz für die höchsten Einkommen wird Ende 2010 wieder von 35 % auf bescheidene 39,6 %, der für Veräußerungsgewinne von 15 % auf 20 % steigen.

Seine Anhänger werfen ihm bereits vor, die in Aussicht gestellten öffentlichen Investitionen seien unzulänglich, die geplanten konjunkturfördernden Maßnahmen zu sehr auf die bei den Republikanern populären Steuererleichterungen für die Mittelschicht ausgerichtet und im Hinblick auf die öffentlichen Ausgaben nicht ehrgeizig genug. Wir drohen der *bipartisan depression* zum Opfer zu fallen, schrieb Paul Krugman vor einigen Tagen in der *New York Times*.

Führen wir zu Obamas Entlastung an, dass er in einer weiteren Hinsicht mit einer ganz anderen Situation als Roosevelt konfrontiert ist. Nach der Krise von 1929 war es in gewisser Weise sehr viel einfacher, den Interventionsspielraum des Staates auszuweiten, weil die Bundesregierung damals praktisch nicht existierte. Bis zum Beginn der 1930er Jahre belief sich die Gesamtheit der Bundesausgaben auf nicht mehr als 4 % des BIP, ein Niveau, das Roosevelt seit 1934/35 auf mehr als 10 % anhob, bevor es während des Krieges 45 % erreichte und sich in der Nachkriegszeit bei 18–20 % hielt, was dem heutigen Niveau entspricht.

In diesem wachsenden Gewicht des Bundesstaates machen sich die öffentlichen Investitionen und der weitreichende Ausbau von Infrastrukturen in den 1930er Jahren, vor allem aber die Einführung des umlagefinanzierten staatlichen Rentensystems und der Arbeitslosenversicherung bemerkbar. Die Aufgabe, vor der Obama steht, ist sehr viel komplexer. Der große Wachstumsschub des Staates hat wie in Europa bereits stattgefunden – und was heute ansteht, ist eine vernünftigere Organisation des Vorsorgestaates, nicht dessen Aufbau und auch nicht seine unbegrenzte Erweiterung. Obama wird seine Mitbürger davon überzeugen müssen, dass die Krise und die Vorkehrungen, die für die Zukunft zu treffen sind, eine neue Welle von öffentlichen Investitionen, vor allem energetische und ökologische, und von Sozialausgaben, insbesondere im Bereich der Krankenversicherung, der armen Verwandten des dürftigen amerikanischen *welfare state*, erfordern. Hoffen wir für ihn und für die Welt, dass es ihm gelingt, ohne dass wir durch eine so verheerende Depression wie jene der 1930er Jahre hindurch müssen.

GEWINNE, LÖHNE
UND UNGLEICHHEITEN

17. März 2009

In Krisenzeiten ist es nicht ratsam, sich mit müßigen Streitereien aufzuhalten. Die Debatte über die Verteilung der Wertschöpfung von Unternehmen auf Gewinne und Löhne nimmt zuweilen erstaunliche Züge an. Manche unter den Linken verdächtigen jeden, der die Stabilität dieser Aufteilung behauptet, er wolle die wachsende Einkommensungleichheit in Frankreich leugnen. Dabei handelt es sich um zwei völlig verschiedene Fragen – und das einzusehen, ist ein wichtiger Schritt auf dem Weg zu einer geeigneten Umverteilungspolitik. Die Frage, um die es in diesen Debatten letztlich geht, ist die Frage der Ungleichheit. Und die Ungleichheit, das muss in aller Deutlichkeit ausgesprochen werden, hat in den letzten zehn Jahren explosionsartig zugenommen.

Camille Landais' Studie *Les hauts revenus en France (1998–2006). Une explosion des inégalités?* lässt daran keinen Zweifel. Zwischen 1998 und 2005 konnten die wohlhabendsten Franzosen einen Anstieg ihrer Kaufkraft im zweistelligen Prozentbereich verbuchen (20 % im Durchschnitt für die reichsten 1 % und 40 % für die reichsten 0,01 %), die am wenigsten wohlhabenden 90 % der Franzosen dagegen nur einen Anstieg von kaum 4 %. Alles weist darauf hin, dass diese Entwicklung sich zwischen 2005 und 2008 fortgesetzt, ja potenziert hat. Es handelt sich um ein neuartiges, in den

Jahrzehnten zuvor unbekanntes Phänomen. Und der Trend ist massiv, von ähnlicher Tragweite wie jener, der in den Vereinigten Staaten seit den 1980er Jahren zu beobachten ist und zu einem Transfer von 15 Prozentpunkten des Nationaleinkommens zugunsten der reichsten 1 % geführt hat, während die Kaufkraft des Rests der Bevölkerung stagnierte. Wie verträgt sich diese erste Tatsache mit einer zweiten, die ebenso unbestreitbar ist, nämlich der makroökonomischen Stabilität des Verhältnisses von Gewinnen und Löhnen?

Auf der Homepage des Insee (*Institut national de la statistique et des études économiques*) kann sich davon unter der Rubrik *comptabilité nationale* (Volkswirtschaftliche Gesamtrechnungen) jeder selbst ein Bild machen. Addiert man sämtliche Löhne einschließlich der Arbeitgeberbeiträge zur Sozial- und Krankenversicherung, die von französischen Unternehmen 2007 gezahlt wurden, kommt man auf eine Gesamtlohnsumme von 623 Milliarden gegenüber 299 Milliarden an Bruttogewinnen (das, was den Unternehmen nach Bezahlung von Beschäftigten und Zulieferern bleibt), also eine Aufteilung von 922 Milliarden «Wertschöpfung», die sich per definitionem aus der Addition von Lohnsumme und Gewinnen ergibt, in 67,6 % für Löhne und 32,4 % für Gewinne. 1997 waren es 404 Milliarden Lohnsumme und 195 Milliarden Gewinne, also ein Lohnanteil von 67,4 % und ein Gewinnanteil von 32,6 %. Die Stabilität dieses Verhältnisses, 67–68 % für Löhne und 32–33 % für Gewinne, ist seit 1987 zu beobachten. Diese Tatsache scheint also unbestreitbar, es sei denn, man wollte annehmen, der Insee habe sich bei seinen Additionen verrechnet.

Ebenso gut belegt ist das Sinken des Lohnanteils zwischen 1982 und 1987, das auf den Anstieg in den 1970er

Jahren folgte. In diesem Phänomen aber den Ursprung der Explosion von Ungleichheit in den 1980er Jahren auszumachen, ist nicht besonders seriös und trägt kaum zur Lösung der derzeitigen Probleme bei.

Wenn aber das Verhältnis von Gewinnen und Löhnen stabil geblieben ist, wodurch haben dann die Ungleichheiten seit dem Ende der 1990er Jahre so stark zugenommen? Zunächst dadurch, dass die Zusammensetzung der Lohnsumme sich stark zugunsten der sehr hohen Gehälter verschoben hat. Während die überwältigende Mehrheit der Lohnerhöhungen weitgehend von der Inflation aufgezehrt wurde, haben die sehr hohen Gehälter – insbesondere solche über 200 000 Euro jährlich – beträchtliche Kaufkraftsteigerungen verbuchen können.

Das gleiche Phänomen beobachten wir in den Vereinigten Staaten: Die Führungskräfte haben die Kontrolle übernommen und bewilligen sich selbst kolossale Einkommen, die in keinem Verhältnis zu ihrer (per definitionem unbeobachtbaren) Produktivität stehen. Und sie wurden dazu durch wiederholte Steuererleichterungen ermuntert. Im Finanzsektor haben diese obszönen Vergütungen ein enthemmtes Risikoverhalten befördert und damit zweifellos zur gegenwärtigen Krise beigetragen.

Die einzig plausible Antwort auf ein solches Auseinanderdriften ist eine stärkere Besteuerung sehr hoher Einkommen – eine Lösung, die sich in den Vereinigten Staaten und in Großbritannien in Ansätzen schon erkennen läßt und eines Tages auch den Weg nach Frankreich finden wird, falls Nicolas Sarkozy sich zu der Erkenntnis durchringen sollte, dass die Steuerobergrenze der größte Irrtum seiner Amtszeit ist.

Die zweite Erklärung für die wachsende Ungleichheit

ergibt sich daraus, dass die besagte Stabilität der Gewinn-Lohn-Verteilung über die Erhöhung der Abgabenlast auf Arbeit (insbesondere der Sozialabgaben) ebenso wenig sagt wie über die Senkung der Abgabenlast auf Kapital (insbesondere der Gewinnsteuer). Betrachtet man die tatsächlich von den Haushalten bezogenen Einkommen, wird man feststellen, dass der Anteil der Kapitaleinkommen (Dividenden, Zinsen, Mieten) unaufhörlich wächst, während der Anteil der Nettolöhne unaufhörlich sinkt. Die Ungleichheit wächst im selben Rhythmus – und dabei ist noch nicht berücksichtigt, dass die Unternehmen, befeuert von der Börsenblase und den trügerischen Wertsteigerungen, ihre Ausschüttung von Dividenden in den letzten zwanzig Jahren verdoppelt haben. Ihre Fähigkeit zur Eigenfinanzierung wurde dadurch schließlich negativ. Die nicht ausgeschütteten Gewinne, also knapp die Hälfte der Bruttoprofite, reichen nicht einmal aus, um das verbrauchte Kapital zu ersetzen. Die richtige Antwort darauf ist erneut fiskalischer Natur und muss das Gleichgewicht von Kapital und Arbeit wiederherstellen, zum Beispiel dadurch, dass man bei der Bemessung von Krankenkassenbeiträgen und Kindergeld die Kapitaleinkommen miteinbezieht. Der Weg dahin ist lang und erfordert ein hohes Maß an internationaler Koordination. Hoffen wir, dass die Krise zumindest die nötige Kursänderung begünstigt.

DAS IRISCHE DESASTER

14. April 2009

In Frankreich praktisch nicht zur Kenntnis genommen, verrät der am 7. April von der irischen Regierung vorgelegte Sparplan mehr über die Krise als der ganze G20-Gipfel. Worum geht es? Wie andere kleine Länder, die stark auf den Immobilien- und Finanzsektor gesetzt haben, befindet sich Irland heute in einer katastrophalen Lage.

Das Platzen der Aktien- und Immobilienpreisblase hat zu einem Einbruch der Wirtschaftstätigkeit zunächst im Bau- und Finanzwesen, dann in der gesamten irischen Wirtschaft geführt. Das Bruttoinlandsprodukt (BIP) ist 2008 um 3 Prozentpunkte gefallen. Die letzten Regierungsprognosen gehen von einem Rückgang von 8 % für 2009 und von 3 % für 2010 aus, bevor 2011 eine Erholung einsetzen soll. Die Steuereinnahmen sind eingebrochen, die Ausgaben für Bankenrettung und Arbeitslosenhilfe (die Arbeitslosigkeit wird Ende des Jahres 15 % erreichen) sind gestiegen. Infolgedessen muss das Land 2009 mit einem gigantischen Haushaltsdefizit von voraussichtlich 13 Punkten des BIP, also dem Gegenwert sämtlicher Löhne und Altersbezüge des öffentlichen Dienstes rechnen.

Die irische Regierung verabschiedet einen Sparplan nach dem anderen. Zur Finanzierung der Renten sind im Februar schon die Beamtengehälter um 7,5 % gekürzt worden. Diese außergewöhnlich brutale Maßnahme wurde einerseits mit der desolaten Haushaltslage, andererseits mit der absehbaren Deflation gerechtfertigt. Die Regierung erwartet ein Fallen der Preise um 4 %, aber bei den Gehaltsempfängern ist davon bislang nichts angekommen. Und letzten Dienstag hat Finanzminister Brian Lenihan neue drakonische Maßnahmen angekündigt, die das Defizit 2009 von 13 auf 11 Prozentpunkte des BIP senken sollen, namentlich eine allgemeine Einkommensteuererhöhung. Im Durchschnitt wird sie sich auf 4 % der Gesamteinkommen belaufen, von 2 % auf der Ebene des Mindesteinkommens (bei einem Jahreseinkommen von 15 000 eine Erhöhung von 300 Euro) bis zu 9 % für die höchsten Einkommen; wirksam wird sie ab 1. Mai. Dieser neueste Sparplan wird mit Sicherheit der letzte nicht gewesen sein. Am bestürzendsten ist aber, wie erbittert die Regierung auch in dieser ernsten Krise an ihrem extrem niedrigen Körperschaftssteuertarif von 12,5 % festhält. Brian Lenihan hat es am 7. April wiederholt: Was unter keinen Umständen in Frage kommt, ist eine Revision jener Strategie, der das Land seit den 1990er Jahren seinen Wohlstand verdankt, weil sie ausländische Investoren anzieht und multinationale Konzerne dazu verlockt, ihren Geschäftssitz nach Irland zu verlegen. Lieber die irische Bevölkerung zur Ader lassen, als alles aufs Spiel setzen, indem man das internationale Kapital in die Flucht schlägt. Schwer zu sagen, wie die Iren bei den Europawahlen reagieren werden. Erteilen sie der irischen Regierung eine Abfuhr oder der restlichen Welt? Oder gar beiden? Eines aber ist sicher: Irland wird sich aus der Zwickmühle, in die es durch das internationale System geraten ist, nicht alleine befreien können.

Die Strategie eines auf Steuerdumping gegründeten Wachstums, die sich so viele kleine Länder zu eigen gemacht haben, ist ein Desaster. Nachdem ihm so viele auf diesem Weg gefolgt sind, kann Irland den Schritt zurück nicht alleine tun. Nahezu alle osteuropäischen Staaten haben mittlerweile Körperschaftssteuersätze von kaum 10 %. Der Computerriese Dell hat 2008 mit der Ankündigung, seine Produktionsstätten schließen und nach Polen verlegen zu wollen, eine Panik in Irland ausgelöst. Zudem hat die Anhäufung ausländischen Kapitals ihren Preis. Ein Land wie Irland überweist derzeit 20 % der Inlandsproduktion in Form von Gewinnen und Dividenden an ausländische Besitzer seiner Geschäftsstellen und Fabriken. Technisch gesprochen liegt darum das BNP (Bruttonationalprodukt), über das die Iren verfügen, 20 % unter dem BIP. Und zu allem Überfluss bewahrt der Euro Irland nicht einmal davor, exorbitante Zinsen auf seine Staatsschuld zahlen zu müssen. Der Zehn-Jahres-Zinssatz in Irland oder Griechenland ist derzeit fast so hoch wie in Deutschland (5,7 % gegenüber 3,1 %) − bei Ländern mit gemeinsamer Währung eine Anomalie und somit ein Hinweis darauf, dass die Märkte auf einen Bankrott dieser Länder, ja ein Zerbrechen der Währungsunion spekulieren. Indem er finanzielle Nothilfe bereitstellt, wie er es in Ungarn bereits getan hat, ist der IWF gewiss in der Lage, solche Flächenbrände vorübergehend zu löschen. Aber allein die Europäische Union besäße wohl die politische Legitimität, die zur Bekämpfung der Ursachen dieser Desaster erforderlich ist. Der «deal» müsste, in groben Zügen, so aussehen: Die Union garantiert die finanzielle Stabilität der Eurozone und kommt, wo nötig, den kleinen Ländern zu Hilfe, aber im Gegenzug verzichten letztere auf ihre Strategie des Steuerdumpings, zum Beispiel mit Mindeststeuersätzen auf Körperschaftsgewinne von 30–40 %. Nachdem sie auf ihre Währungshoheit verzichtet haben, müssten die kleinen wie großen Länder sich nun bereitfinden, auf ihre Steuerhoheit zu verzichten. Alle anderen Lösungen sind Flickschusterei. Eine Währungsunion ohne Wirtschaftsregierung zu schaffen, war schon in ruhigeren Zeiten riskant. Im Angesicht einer schweren Krise aber muss man das Risiko des allgemeinen Zusammenbruchs ernst nehmen.

ZENTRALBANKEN BEI DER ARBEIT

12. Mai 2009

Kein Tag vergeht, an dem wir nicht von «unkonventionellen» geldpolitischen Maßnahmen hören, mit denen die Zentralbanken uns aus der Krise führen wollen. Versuchen wir genauer zu verstehen, worum es geht. Was tun Zentralbanken in ruhigen Zeiten? Sie belassen es dabei, sich zu vergewissern, dass die Geldmenge im selben Rhythmus wie die Wirtschaft wächst, um so eine niedrige Inflation von etwa 1–2 % zu garantieren. Auch leihen sie den Banken Geld, für sehr kurze Zeit, häufig kaum mehr als ein paar Tage. Diese Kredite verbürgen die Zahlungsfähigkeit des ganzen Finanzsystems, da sich die enormen Ströme der Einlagen und Entnahmen, die täglich von Haushalten und Unternehmen getätigt werden, für die einzelnen Banken tatsächlich nie auf den Tag genau ausgleichen. Traditionell spielt dies in Europa eine wichtigere Rolle, da dort den Banken eine größere Bedeutung für eine Finanzierung der Wirtschaft zukommt, die sich in den Vereinigten Staaten stärker auf die Finanzmärkte gründet. Und was tun die Zentralbanken seit einem Jahr? Sie haben ihre Bilanz, grob gesagt, verdoppelt – in den Vereinigten Staaten etwas mehr, in Europa etwas weniger. Bis Anfang September beliefen sich die Aktiva der Federal Reserve insgesamt auf etwa 900 Milliarden Dollar, also den Gegenwert von 6 % des Bruttoinlandsprodukts (BIP). Ende Dezember waren es mit einem Mal fast 2300 Milliarden Dollar, also 16 Prozentpunkte des BIP. Eine ähnliche Entwicklung ist in Europa zu beobachten. Zwischen September und Dezember 2008 sind die Aktiva der EZB (Europäische Zentralbank) von 1400 auf 2100 Milliarden Euro, also von 15 auf 23 Punkte des BIP der Eurozone gestiegen. Binnen dreier Monate sind diesseits und jenseits des Atlantik fast 10 Punkte des BIP an neuer Liquidität durch die Zentralbanken bereitgestellt worden.

Wem haben die Zentralbanken dieses Geld geliehen? Im Wesentlichen dem Finanzsektor. Aber das Novum liegt in der Laufzeit der Darlehen, die an Banken vergeben werden. Statt sie auf einige Tage zu begrenzen, vergeben Fed und EZB inzwischen Kredite mit einer Laufzeit von drei, ja sechs Monaten, was zu einer sehr starken Zunahme der entsprechenden Volumina führt. Und sie haben begonnen, Kredite mit dieser Laufzeit nicht nur an Finanzgesellschaften, sondern auch an andere Unternehmen zu vergeben, insbesondere in den Vereinigten Staaten. Glaubt man den letzten Bilanzen, die von den Zentralbanken veröffentlicht wurden, hat der Rückfluss der geliehenen Gelder Anfang des Jahres eingesetzt. Am 1. Mai sind daher die Aktiva der Fed wieder auf 15 Punkte des BIP, die der EZB auf 20 Punkte des BIP geschrumpft. Die Zentralbanken werten das als Beweis dafür, dass der Finanzsektor die Liquiditätsspritzen nicht mehr braucht und der Aufschwung nahe ist.

Aber man kann diesen Rückfluss auch als Hinweis darauf deuten, dass die Banken nicht wissen, was sie mit dem Geld tun sollen. Tatsächlich wartet man noch immer darauf, dass der Finanzsektor den Unternehmen und Haushalten wieder mehr Kredite gewährt. Stattdessen sind sie während des ersten Quartals 2009 offenbar im gleichen Rhythmus wie im letzten Quartal 2008 zurückgegangen. Zweifellos haben die «unkonventionellen» politischen Maßnahmen der Zentralbanken zumindest dafür gesorgt, dass die Banken nicht reihenweise Bankrott gegangen sind, wie in der Krise der 1930er Jahre, als die Zentralbanken tatenlos zugesehen hatten. Inzwischen ist die Möglichkeit im Gespräch, im Zuge weiterer innovativer geldpolitischer Maßnahmen dem Bankensektor Kredite mit einer Laufzeit von bis zu neun oder zwölf Monaten zu gewähren. Der Umfang, den die Bilanzen der Zentralbanken angenommen haben, ist noch weit davon entfernt, eine wirkliche Inflationsgefahr darzustellen. Zur Erinnerung: Die im Gefolge des Zweiten Weltkriegs von der *Banque de France* vergebenen Kredite lagen weit über 100 % des damaligen BIP, daher die sehr starke Inflation der folgenden Jahre.

Aber diese unkonventionellen geldpolitischen Maßnahmen werden früher oder später an ihre Grenzen stoßen, es sei denn, man wollte sich Zentralbanken vorstellen, die an alle Akteure Kredite mit allen erdenklichen Laufzeiten vergeben – wofür sie schlecht gerüstet sind. Zentralbanken haben nicht die Macht, die von der Krise in Schockstarre versetzten privaten Akteure zu zwingen, Geld auszugeben. Die monetäre Expansion des vergangenen Herbstes hat vor allem der Finanzierung des Haushaltsdefizits gedient, wobei die Mittel den Regierungen nicht direkt von den Zentralbanken geliehen wurden (die europäischen Verträge untersagen dies der EZB ausdrücklich, und die Fed hat ihren Bestand an Schatzanweisungen reduziert), sondern von den Privatbanken. Sollte sich bestätigen, dass der Staat der einzige Akteur ist, der in der Lage ist Geld auszugeben, werden die Regierungen sich ihrer Verantwortung stellen und echte Konjunkturprogramme auflegen müssen.

VERGESSENE UNGLEICHHEITEN

9. Juni 2009

Der vom Insee (*Institut national de la statistique et des études économiques*) unter Leitung von Jean-Philippe Cotis vorgelegte Bericht über die Verteilung der Wertschöpfung enthält keine großen Neuigkeiten. Aber er hat zumindest das Verdienst, uns in aller Deutlichkeit die wesentlichen Tatsachen ins Gedächtnis zu rufen. So darf insbesondere die Stabilität der Primärverteilung zwischen Lohnsumme und Gewinnen nicht darüber hinwegtäuschen, dass die Ungleichheiten sich verschärft haben und die Kaufkraft der großen Mehrheit stagniert. Zum einen sind die sehr hohen Gehälter seit den 1990er Jahren deutlich stärker gestiegen als das Durchschnittsgehalt. Die psychologischen Auswirkungen dieses Phänomens sind desaströs, und wenn der Trend anhält, steht zu befürchten, dass es schließlich die makroökonomische Bedeutung gewinnt, die es in den Vereinigten Staaten schon hat. Zum anderen wurde das schwache Wachstum vom kontinuierlichen Anstieg der Sozialbeiträge und anderer Abgaben, die auf den Löhnen lasten, so weitgehend aufgezehrt, dass der durchschnittliche Nettolohn seit zwanzig Jahren fast stagniert, während die Vermögenseinkommen substantielle Zuwächse verzeichnen konnten.

Der Direktor des Insee wird sie nicht so ungeschminkt beim Namen nennen können, aber die politischen Implikationen dieser Tatsachen liegen auf der Hand. Statt unter

Berufung auf die konstante Primärverteilung Nebelkerzen zu werfen, muss man die fiskalischen Instrumente nutzen: Steuererleichterungen für die, deren Kaufkraft stagniert, Steuererhöhungen für die, die vom Wachstum am meisten profitieren. Also das genaue Gegenteil der Politik unserer derzeitigen Regierung, die zahlreiche Steuererleichterungen für sehr hohe Gehälter und Vermögen eingeführt hat: Senkung des Spitzensatzes der Einkommensteuer, Steuerobergrenze, Steuerbefreiung von Dividenden und Erbschaften, Senkung der Vermögenssteuer. Und da der Durchschnittssatz der Pflichtabgaben offenbar weit davon entfernt ist zu sinken, wird zwangsläufig, auch wenn es keiner zugibt, der Rest der Bevölkerung diese großzügigen Geschenke bezahlen müssen.

So eindeutig der Gesamtbefund ist, über eines verliert der Cotis-Bericht merkwürdigerweise kein Wort. Die Unternehmen haben ihre Aktionäre in den letzten Jahren verwöhnt, was zu einem beunruhigenden Rückgang desjenigen Teils der Gewinne geführt hat, der für Investitionen aufgewendet werden kann. Diese Tatsache wird durch den Cotis-Bericht insofern verschleiert, als er nur die Bruttogewinne berücksichtigt, der Kapitalentwertung also nicht Rechnung trägt. Da das Produktivkapital ständig verzehrt wird, kann man neue Investitionen erst tätigen, nachdem man gebrauchte Betriebsmittel ersetzt hat. Computer müssen regelmäßig ausgetauscht, Gebäude und andere Einrichtungen unterhalten und renoviert werden, etc. Der unter ökonomischen wie übrigens auch unter fiskalischen Gesichtspunkten maßgebliche Begriff ist der des Nettogewinns, der sich nach Abzug jener Entwertung ergibt. Nettogewinne sind schwieriger zu schätzen, aber da der Insee alles dafür tut, die bestmöglichen Schätzungen der

Kapitalentwertung vorzulegen, hätte er sich ihrer besser bedient, statt sie unter den Tisch fallen zu lassen. Das gilt umso mehr, als der Gesamteindruck, den man von der Gewinnverteilung erhält, sich völlig ändert, sobald man von den Bruttogewinnen zu den Nettogewinnen übergeht. Die Auskunft des Cotis-Berichts lautet, dass seit zwanzig Jahren die Bruttogewinne 32 % der Wertschöpfung der Unternehmen ausmachen, gegenüber 67–68 % für die Lohnsumme. Das trifft zu. Aber gleichzeitig belief sich der Kapitalverbrauch stets auf 15–16 %, also grosso modo die Hälfte der Bruttogewinne. Anders gesagt: Wer ansprechende Tortendiagramme erstellt, aus denen hervorgeht, dass Unternehmen großzügigerweise die Hälfte ihrer Bruttogewinne für Investitionen aufwenden, müsste der Ehrlichkeit halber zugeben, dass er die Welt ein wenig zum Narren hält. Tatsächlich bedeutet das, dass die Unternehmen – und das ist das mindeste, was sie tun können – ihre gebrauchten Betriebsmittel austauschen, bevor sie Dividenden an ihre Aktionäre ausschütten. Legt man den Nettogewinn zugrunde, so stellt man fest, dass die Unternehmen stets nahezu die Gesamtheit ihrer Gewinne in Form von Zinsen und Dividenden an die Eigentümer weitergegeben haben. Die Nettoersparnis der Unternehmen, also das, was ihnen bleibt, wenn sie ihre Eigentümer ausbezahlt, Steuern entrichtet und verbrauchte Betriebsmittel ausgetauscht haben, hat nie mehr als ein paar Prozentpunkte der Wertschöpfung ausgemacht. Was den Löwenanteil der Nettoinvestitionen die ganze Zeit über finanziert hat, ist die Nettoersparnis der Haushalte, in Zeiten des Außenhandelsdefizits ergänzt um die des Rests der Welt. Die bedenkliche Revolution der letzten Jahre besteht darin, dass die Nettoersparnis der Unternehmen, die 2004 negativ wurde, zwischen 2004 und

2007 etwa 1–1,5 % der Wertschöpfung ausgemacht hat. In den 1990er Jahren, in denen der Anteil der Gewinne an der Wertschöpfung so groß war wie heute, gelang es den Unternehmen, eine positive Nettoersparnis von ungefähr 1,5–2 % zu erwirtschaften. Dieser Transfer in Höhe von 3 bis 4 Prozentpunkten der Wertschöpfung zulasten der Investition und zugunsten der Aktionäre ist beträchtlich. Die Unternehmen haben begonnen, mehr Gewinne an ihre Aktionäre zu verteilen, als sie in der Kasse haben! Ein solches Phänomen hat es, erneut den Volkswirtschaftlichen Gesamtrechnungen des Insee zufolge, historisch noch nie gegeben – sieht man von den ausgehenden 1970er und beginnenden 1980er Jahren, also von einem Zeitraum ab, in dem der Anteil der Gewinne an der Wertschöpfung ungewöhnlich niedrig war. Und glaubt man den letzten veröffentlichten Zahlen, so sollte man nicht zu sehr darauf setzen, dass die Krise die Situation entschärfen werde: 2008 hat die negative Nettoersparnis der französischen Unternehmen 2 % der Wertschöpfung erreicht.

In einem solchen Kontext ist es verlockend, eine Erhöhung der Steuer auf Gewinnausschüttungen zu empfehlen, mit der sich zum Beispiel die Senkung der Abgabenlast auf Arbeit finanzieren ließe.

FISKALISCHE LEHREN
AUS DER AFFÄRE BETTENCOURT

8. September 2009

Liliane Bettencourt war lange nur Besitzerin des größten französischen Vermögens. Seit ihre Tochter einen Prozess gegen sie anstrengt, steht sie für mehr als das. Auf gewiss ein wenig grelle Weise wirft diese Affäre ein Licht auf die heikelsten Probleme, mit denen uns die Vermögen und ihre Übertragung im 21. Jahrhundert konfrontieren werden. Führen wir uns die Sachlage noch einmal vor Augen. Liliane, 87 Jahre alt, Erbin der L'Oréal-Gruppe, hat einen befreundeten 61-jährigen Fotografen durch eine Reihe von Schenkungen begünstigt, deren Gesamtwert auf eine Milliarde Euro, also weniger als 10 % ihres Gesamtvermögens (15 Milliarden Euro) geschätzt wird. Ihre einzige Tochter, Françoise, 58 Jahre alt, wirft ihr vor, sie habe sich ausnutzen lassen, und klagt auf «strafbare Ausnutzung des Mangels an Urteilsvermögen oder der Willensschwäche eines anderen». Liliane wiederum erklärt, sie sei im Vollbesitz ihrer geistigen Kräfte und ertrage die medizinischen Untersuchungen nicht, zu denen ihre Tochter sie per Gerichtsbeschluss zwingt. Fügen wir hinzu, dass beide Vorstandsmitglieder von L'Oréal sind, Schmuckstück des CAC 40, des Leitindexes, der die vierzig führenden französischen Aktiengesellschaften verzeichnet. Über die geistige Gesundheit der Protagonisten können wir uns kein Urteil erlauben. Aber man wird doch bemerken dürfen, dass der Vorgang stark an einen Krieg im Dritten Lebensalter, an ein Altersdrama erinnert, wenn man so will. Und in der Tat: Die französischen Vermögen altern unaufhaltsam. Das liegt an der steigenden Lebenserwartung, natürlich, aber auch daran, dass in den letzten dreißig Jahren die Kapitalrenditen deutlich über die Wachstumsraten der Produktion und des Einkommens der Erwerbstätigen gestiegen sind. Verschärft wird diese Entwicklung durch eine wachsende Steuer- und Abgabenlast auf Arbeit, von der die Sparfähigkeit derer, die nur durch Arbeit etwas zurücklegen können, noch weiter eingeschränkt wird. Im gleichen Zeitraum sind Vermögen mehrfach durch Steuererleichterungen begünstigt worden, die sowohl die Übertragungen (Schenkungen, Erbschaften) als auch die Vermögenseinkommen (Dividenden, Zinsen, Mieten, Veräußerungsgewinne) betreffen. Unter diesem Gesichtspunkt ist die starke Senkung der Erbschaftsteuer – wie sie 2007 in eklatantem Widerspruch zu den Slogans beschlossen wurde, die eine Aufwertung der Arbeit versprochen hatten –, eine denkbar unglückliche Entscheidung. Nachdem die Regierung diese Peitsche aus der Hand gab, hat auch das Zuckerbrot der versprochenen Steuererleichterung für vorzeitige Schenkungen in den meisten Fällen an Bedeutung verloren. Aller Wahrscheinlichkeit nach werden die 2007 ergriffenen Maßnahmen vor allem eines tun: Sie werden den Prozess der Vermögensalterung beschleunigen.

Die Affäre Bettencourt wirft auch die Frage der Testierfreiheit auf, also der freien Entscheidung darüber, wem man sein Vermögen hinterlassen möchte. Der napoleonische Code civil setzt dieser Entscheidung in Frankreich enge Grenzen. Ganz gleich, wie das Verhältnis zu ihren Eltern aussieht, Kinder erhalten von Rechts wegen ihren

«Pflichtteil». Frei verfügen können die Eltern nur über das, was man *quotité disponible* nennt, den «verfügbaren Teil», der sich in Frankreich auf 50 % beläuft, wenn man ein Kind hat, auf 33 % bei zwei und auf 25 % bei drei oder mehr Kindern. Anders gesagt: Wer ein Vermögen von 10 Milliarden Euro akkumuliert (oder seinerseits geerbt) hat, kann nicht umhin, mindestens 50 % seinem einzigen Kind oder 75 % (zu gleichen Teilen) seinen drei Kindern vorzubehalten. An diese Regel hat sich Liliane Bettencourt im vorliegenden Fall gehalten. Aber ihre Tochter müsste gar keine Zweifel an ihrer geistigen Gesundheit anmelden, um sie daran zu hindern, es Bill Gates gleichzutun, der einen Großteil seines Vermögens auf Stiftungen übertragen hat. Zudem fallen nach dem französischen Erbrecht auf Vermögen, das im Rahmen des «verfügbaren Teils» vererbt wird, sehr viel höhere Steuern an. Ziel ist es, die Übertragung auf Kinder zu fördern, und das erneut ganz unabhängig davon, wie hoch die Summe jeweils ist. Sollte man all das abschaffen zugunsten eines Systems angelsächsischen Typs, in dem völlige Testierfreiheit herrscht?

Die Option ist verlockend, zumal dieses System de facto in der überwältigenden Mehrzahl der Fälle darauf hinausläuft, dass Vermögen zu gleichen Teilen unter Kindern aufgeteilt werden, ohne darum den Besitzern großer Vermögen die Möglichkeit eines Mäzenatentums zu nehmen, dessen Unzulänglichkeit in Frankreich so häufig beklagt wird. Zugleich werden, wenn immer mehr Menschen das vierte Lebensalter erreichen, die Argumente, die der Code civil zum Schutz enterbter Kinder oder ausgenutzter Eltern vorbringt, objektiv stärker ins Gewicht fallen – und Prozesse des Bettencourt-Typs häufiger vorkommen. Zumindest wäre es ratsam, den Mechanismus der Pflichtteilsregelung nach oben hin zu begrenzen. Jenseits eines bestimmten Vermögensniveaus ist nicht mehr recht einzusehen, weshalb Eltern von Gesetzes wegen verpflichtet sein sollen, ihre Kinder zu Rentiers zu machen.

WER WIRD VON
DER KRISE PROFITIEREN?

1. Dezember 2009

Wie wird sich die weltweite Finanzkrise von 2007–2009 auf die Verteilung von Wohlstand auswirken? Einer gängigen Meinung entgegen ist es wenig wahrscheinlich, dass die Krise zu einem dauerhaften Abbau von Ungleichheit führt. Natürlich trifft der Einbruch von Börsenwerten und Immobilienpreisen die Vermögensbesitzer zuerst. Aber wer nichts als seine Arbeit hat, wird durch die Verschlechterung der Arbeitsmarktlage nicht weniger hart getroffen. Das gilt für Rezessionen überhaupt. Unmittelbar führen sie in der Regel zu abnehmender Ungleichheit zwischen der Mitte und der Spitze der Verteilung (Gewinne und Boni von Spitzenmanagern sinken), zugleich aber zu wachsender Ungleichheit zwischen der Mitte und dem unteren Ende (die Arbeitslosigkeit steigt). Sieht man sich die mittelfristigen und langfristigen Folgen an, wird die Sache noch komplizierter.

Gewiss führte die Krise von 1929 in sämtlichen Industrieländern zu einem historischen Abbau von Ungleichheit. 1928 hatte der Anteil der reichsten 10 % in den USA 50 % am Nationaleinkommen erreicht. In den 1930er Jahren schrumpfte er auf 45 %, in den 1950er und 1960er Jahren auf 35 %. Die Rekordungleichheit von 1927 wird erst 2007 wieder erreicht, ja sogar leicht übertroffen. Aber es gibt keinen Grund zu der Annahme, dieses Szenario werde sich heute automatisch wiederholen. Die historischen Datenreihen, die wir gemeinsam mit Tony Atkinson erstellt haben, beschreiben inzwischen die jährliche Entwicklung von Ungleichheiten in 23 Ländern während des gesamten 20. Jahrhunderts. Und sie belegen unzweideutig, dass Finanzkrisen als solche keine nachhaltige Auswirkung auf die Ungleichheit haben. Alles hängt von der politischen Antwort ab, die auf sie erfolgt. So hat etwa die schwedische Finanzkrise von 1991–1993 nicht das mindeste an dem Trend zu wachsender Einkommens- und Vermögenskonzentration geändert, der seit den 1980er Jahren in Schweden anhält. Und in den Jahren nach der asiatischen Finanzkrise von 1997–1998 ist sogar eine plötzliche Zunahme des Anteils zu verzeichnen, den die wohlhabendsten 10 % am Nationaleinkommen halten, ganz wie in Singapur und Indonesien.

Auch wenn die verfügbaren Daten noch lückenhaft sind – die wahrscheinlichste Erklärung ist, dass die Wohlhabendsten durch den Ankauf der richtigen Aktiva im richtigen Augenblick Nutzen aus dem Finanzchaos zu ziehen wussten. Zwar enthalten die bedeutendsten Vermögen einen höheren Anteil an risikoreichen Anlagen, weshalb sie von Booms stärker profitieren und, zumindest prinzipiell, in Krisenzeiten stärker schrumpfen. Aber wer Aktiva im Wert von 1 Million Euro besitzt (und das gilt natürlich a fortiori, wenn es 10 oder 100 Millionen sind), verfügt über mehr Mittel, um Finanzvermittler und -berater zu bezahlen als jemand, der nur 50 000 oder 100 000 Euro hat. Im Mittel hat dieser Effekt während der schwedischen und, stärker noch, der asiatischen Krise anscheinend die Oberhand gewonnen. Und heute könnte durchaus der gleiche Mechanismus am Werk sein. Die Wahrheit ist, dass wir darüber nicht allzu viel wissen. Unsere statistischen Apparate sind ungeeignet, um derart komplexe finanzielle Umverteilungsphänomene in Echtzeit zu erforschen. Das ist umso bedauerlicher, als diese Umverteilungen aufgrund der politischen Reaktionen auf die Krise gerade heute eine zentrale Rolle spielen. 1929 hatten die Regierungen zugelassen, dass ein Bankrott dem anderen folgte, was zu deutlichen Vermögensverlusten führen musste.

Heute helfen die Regierungen den Banken und großen Unternehmen wieder auf die Beine. Dadurch lässt sich die Depression verhindern. Da die geretteten Unternehmen aber nicht zur Rechenschaft gezogen werden, leistet dieser Anfall staatlicher Großzügigkeit häufig einer Umverteilung von unten nach oben Vorschub. Im Gefolge von 1929 waren diejenigen, die eine ganze Welt an den Rand des Abgrunds geführt und sich dabei bereichert hatten, von den Regierungen sehr wohl zur Rechenschaft gezogen worden: starke Erhöhung der Gewinnsteuer, progressive Besteuerung sehr hoher Einkommen und Vermögen, Kontrolle des Kapitals in all seinen Formen (strenge Finanzregulierung, Einfrieren der Mieten, Verstaatlichungen, etc.). Was zum historischen Abbau von Ungleichheit geführt hat, war nicht die Finanzkrise als solche. Es waren diese politischen Reaktionen. Die heutigen Herausforderungen mögen sich in technischer Hinsicht unterscheiden (stock options, Steueroasen etc.), aber im Grunde sind es ein und dieselben. Überlässt man ihn sich selbst, führt der Kapitalismus, weil zutiefst instabil und auf Ungleichheit angelegt, unweigerlich zu Katastrophen. Leider sieht es so aus, als bräuchte es weitere Krisen, bevor die Regierungen sich dessen wirklich bewusst werden.

Teil 2

EUROPA
GEGEN DIE MÄRKTE

(2010–2011)

REKORDGEWINNE DER BANKEN –
EIN POLITISCHER SKANDAL

23. Februar 2010

BNP Paribas, die größte französische und europäische Bank, hat kürzlich Gewinne von 8 Millionen Euro für 2009 bekanntgegeben und knüpft damit wieder an ihren Rekord von 2007 an. Manche brechen schon in Freudenschreie aus: Ist es nicht besser, Banken zu haben, die gute Geschäfte machen, als solche, die Bankrott gehen? Natürlich.

Aber es schadet nicht, wenn man sich fragt, wo die Gewinne herkommen. 2009 haben sich die Profite der zehn größten europäischen Banken auf annähernd 50 Milliarden Euro belaufen. Fügt man dem die zehn größten amerikanischen Banken hinzu, kommt man auf 100 Milliarden Euro. Wie konnten sie solche Gewinne erwirtschaften, wo doch 2009 in der gesamten Eurozone eine Rezession herrschte? Die plausibelste Erklärung ist, dass die Zentralbanken den Banken Geld zu sehr niedrigen Zinssätzen geliehen haben – Geld, dass diese in der Folge zu höheren Zinssätzen anderen Akteuren leihen konnten: den Haushalten, den Unternehmen und, vor allem, den Staaten.

Versuchen wir uns an einer kleinen Berechnung, die approximativ und unvollkommen bleibt, aber doch zeigt, welche Summen im Spiel sind. Zwischen September und Dezember 2008 haben die Europäische Zentralbank (EZB) und die amerikanische Federal Reserve (Fed) fast 2000 Milliarden Euro Geld geschöpft (etwa 10 Prozentpunkte des amerikanischen und europäischen BIP). Dieses Geld wurde den Banken zu einem Zinssatz von 1 % geliehen, bei Laufzeiten von drei bis sechs Monaten. Die Darlehen wurden grosso modo über das ganze Jahr 2009 hinweg verlängert: Die Bilanzen der Fed und der EZB liegen 2010 kaum unter den Anfang 2009 erreichten Rekordmarken.

Nehmen wir an, die den Banken geliehenen 2000 Milliarden bringen ihnen durchschnittlich 5 % pro Jahr, sei es, weil sie es für 5 % an andere Akteure verliehen haben, sei es, weil sie so Schulden abzahlen können, die sie 5 % im Jahr gekostet hätten, was auf dasselbe hinausläuft. Die erzielte Gewinnmarge beliefe sich demnach auf 80 Milliarden (4 % von 2000), also den Gegenwert von 80 % der 2009 von den Banken tatsächlich erzielten Gewinne. Selbst wenn man von einem niedrigeren Zinsgefälle ausgeht, würde das einen Gutteil der Gewinne erklären. Das heißt nicht, die Zentralbanken hätten sich falsch verhalten – die neue Liquidität hat zweifellos eine Welle von Bankenpleiten und eine Verschärfung der Rezession zur Depression verhindert. Aber richtig ist das nur dann, wenn die Regierungen durch strenge Finanzregulierungen dafür sorgen, dass derartige Desaster sich nicht wiederholen, indem sie von den Banken Rechenschaft (und Steuern) verlangen, und indem sie nebenbei auch die Schulden begleichen, die sie bei ihnen gemacht haben.

Sollte dies nicht geschehen, haben die Bürger wahrlich allen Grund, den ganzen Vorgang ökonomisch absurd zu finden: Bankenprofite und Boni gehen wieder durch die Decke, Arbeitsmarkt und Löhne sind immer noch am Boden, und dann heißt es auch noch den Gürtel enger schnallen, um Staatsschulden zu begleichen, die aufgenommen wurden, weil man den Finanzirrsinn von Bankern ausbaden musste, die unterdessen schon wieder munter spekulieren – diesmal auf Kosten der Staaten, mit Zinssätzen von fast 6 %, die den irischen und griechischen Steuerzahlern aufgebürdet werden. Den gleichen griechischen Steuerzahlern, die, ohne es zu wissen, 300 Millionen Euro Honorar an Goldman Sachs überwiesen haben, damit diese ihre Staatsbilanzen schönt.

Demagogie? Nein. Bloß eine Feststellung. Um die Bürger mit den Banken auszusöhnen, reicht es nicht aus, große Reden zu schwingen. Obama hat das nur zu gut verstanden und im Januar endlich einen ehrgeizigen Plan zur Bankenregulierung vorgelegt. Aber Obama ist politisch geschwächt. Dass sich in Europa die Europäische Zentralbank beim Kauf griechischer Staatsanleihen weiterhin auf das Urteil der Rating-Agenturen stützen will (eine Ankündigung, die die Krise beschleunigt hat), obwohl nichts in ihren Statuten sie dazu zwingt, ist in der derzeitigen Lage denkbar unsinnig.

Mit dieser Krise hat die EZB die Europäer von ihrer Nützlichkeit überzeugt. Allen ist klar, dass die Dinge nicht besser stünden, hätte man die Märkte auf den Franc, die Mark oder die Lira spekulieren lassen. Sie könnte jetzt, gestützt auf eine wirkliche europäische Wirtschaftsregierung, Autonomie gegenüber den Märkten gewinnen.

Jenseits des Atlantiks ist die öffentliche Hand frei von solchen Bedenken. Seit einem Jahr hat die Fed 300 Milliarden Dollar gedruckt, um Schatzanweisungen zu kaufen, ohne die Märkte um Rat zu fragen. Europa wird seinerseits akzeptieren müssen, dass eine Inflation von 4 oder 5 % die am wenigsten schlechte Weise ist, die Schulden loszuwerden. Sonst werden einmal mehr die europäischen Bürger die Rechnung begleichen müssen. Ob sie sich das gefallen lassen? Wer weiß.

NEIN, DIE GRIECHEN SIND
NICHT FAUL

23. März 2010

Die Griechen sind also Faulpelze. Sie geben mehr aus, als sie produzieren, und wählen zu allem Übel korrupte Regierungen, die Staatsbilanzen frisieren, um sie in ihren Illusionen zu bestärken. Wenn Ihr Nachbar oder Bruder ständig mehr ausgibt, als er verdient – tun Sie ihm dann wirklich einen Gefallen, wenn sie ihm noch mehr Geld leihen? Ist es nicht höchste Zeit, dass er sich am Riemen reißt und begreift, dass man es ohne harte Arbeit und Leistung nie zu etwas bringen wird?

Metaphern dieser Art, die einer häuslichen oder familiären Moral entlehnt sind (Faulheit gegen Arbeit, verschwenderisches Kind gegen Familienvater), zählen fraglos zu den Klassikern einer reaktionären Rhetorik. In diesem Stil haben die Reichen die Armen immer schon stigmatisiert. Nur scheinen angesichts der Komplexität des Kapitalismus im 21. Jahrhundert und seiner Finanzkrisen solche moralisierenden Metaphern sich heute über ihre angestammten Milieus hinaus zu verbreiten. Wenn man die Welt nicht mehr versteht, ist es verlockend, sich an ein paar einfache Prinzipien zu halten. Die extreme Härte der Angriffe in den Medien hat den griechischen Premierminister dazu gebracht, bei seinem Besuch in Berlin zu erklären: «Die Faulheit sitzt den Griechen so wenig in den Genen wie den Deutschen der Nazismus.» So scharfe Töne sind unter

Regierungschefs einer Union eher unüblich und sollten jeden, der es nicht schon tut, davon überzeugen, wie ernst man die griechische Krise nehmen muss.

Das Problem dieser Metaphern aus der Sphäre häuslicher Moral ist, dass der Kapitalismus auf der Ebene von Ländern – und auf der von Individuen gilt übrigens dasselbe – keineswegs nur eine Sache der Leistung und des Verdienstes ist. Er ist davon in Wahrheit weit entfernt, und das aus zwei Gründen, die sich ganz einfach benennen lassen: Die Willkür des ererbten Startkapitals; und die Willkür bestimmter Preise, namentlich der Kapitalrendite.

Willkür des ererbten Startkapitals: Griechenland zählt zu den Ländern, die lange schon zum Teil im Besitz anderer Länder sind. Was der Rest der Welt in Griechenland besitzt (Unternehmen, Immobilien, finanzielle Vermögenswerte), ist seit Jahrzehnten schon mehr als das, was Griechen im Rest der Welt besitzen. Konsequenz: Das Nationaleinkommen, das den Griechen für Konsum und Ersparnis zur Verfügung steht, war (nach Abzug der ins Ausland abgeführten Zinsen und Dividenden) stets geringer als ihre Inlandsproduktion. Sie sind also schwerlich in der Lage, mehr zu konsumieren als sie produzieren.

Im Falle Griechenlands lag der Abstand zwischen Inlandsproduktion und Nationaleinkommen zu Beginn der Krise bei etwa 5 % (also zweimal mehr als die Haushaltsanpassung, die heute von den Griechen verlangt wird). In Ländern, die ganz auf ausländische Investitionen gesetzt haben (wie Irland), kann dieser Abstand über 20 % liegen, in bestimmten südeuropäischen Ländern noch höher. Man wird einwenden, Zins- und Dividendenströme seien nur die Konsequenz vorausgegangener Investitionen und daher sei es auch nur recht und billig, wenn die griechischen

Schuldner einen Teil ihrer Produktion an ausländische Gläubiger abführen. Natürlich. So wie es recht und billig ist, dass die Kinder von Mietern bis in alle Zukunft den Kindern von Vermietern ihre Miete zahlen.

Die Debatte über Leistung und Verdienst muss freilich noch etwas anderes berücksichtigen, nämlich die Willkür der Kapitalrenditen. Die Krise ist vor allem die Konsequenz der Tatsache, dass die griechischen Steuerzahler mit einem Mal gezwungen waren, Zinsen von mehr als 6 % auf ihre Staatsschuld zu zahlen. Die Inlandsproduktion Griechenlands beläuft sich auf etwa 200 Milliarden Euro. Die zehn größten Banken weltweit verwalten jeweils Aktiva von mehr als 2000 Milliarden Euro. Eine Handvoll Händler kann binnen weniger Sekunden beschließen, den Zinssatz für einen bestimmten Titel auf 6 % statt auf 3 % festzusetzen – und damit ein ganzes Land in die Krise stürzen.

Wenn uns dieses System gegen die Wand fahren lässt, ist es gewiss nicht der Rekurs auf die häusliche Moral, was uns retten wird. Auf lange Sicht kann die Lösung nur darin liegen, dass die öffentliche Hand die Kontrolle über das Finanzwesen zurückgewinnt. In Europa wird man sich den Weg zu einem Haushaltsföderalismus bahnen müssen. Dieser Weg verläuft freilich nicht über den IWF, sondern über die Emission europäischer Anleihen. Um die Banken zu retten, haben die Währungsbehörden ihnen großzügige Darlehen gewährt, zu Zinssätzen von 0 % oder 1 %. Und sie hatten Recht. Aber nachdem sie dies getan haben, wird man den europäischen Steuerzahlern (griechischen wie deutschen) kaum begreiflich machen können, dass sie für lange Jahre den Gürtel enger schnallen müssen, um auf ihre Staatsschuld höhere Zinsen zu zahlen.

EUROPA
GEGEN DIE MÄRKTE

18. Mai 2010

In den europäischen Ländern jagt ein Sparplan den anderen. Wir erleben eine Häufung drastischer Maßnahmen wie die Senkung der Beamtengehälter, die seit den berühmten Erlassen des Ministerpräsidenten Laval von 1935 völlig in Vergessenheit geraten war. Maßnahmen, von denen man schon in der Schule lernt, dass sie stets ins Unheil führen. Da sie die Rezession nur verschärfen, steht man am Ende der Geschichte aller Wahrscheinlichkeit nach mit einem höheren Defizit als am Anfang da.

Wie konnte es zu einer derart absurden Situation kommen? Und vor allem: Was tun? Absolute Priorität muss die Konstitution einer europäischen Instanz haben, die über die nötigen Waffen verfügt, um im Kampf mit den Finanzmärkten nicht hoffnungslos unterlegen zu sein. Und wenn der Weg dahin über eine Prüfung nationaler Haushaltsgesetze durch europäische Institutionen führt – nun denn, nichts wie los!

Es hat keinen Sinn, die Märkte, die nicht einmal in der Lage sind, die Preise für die von ihnen selbst geschaffenen Finanzprodukte festzusetzen, weiterhin auf öffentliche Schuldtitel von 27 Mitgliedsländern spekulieren zu lassen. Als der Euro ins Leben gerufen wurde, glaubte man ihren Spielraum eingeschränkt zu haben. Tatsächlich stünde es heute noch schlimmer, wenn die Märkte auf die Wechselkurse des Franc, der Mark oder der Lira spekulieren könnten.

Aber nun steht der nächste Schritt, nämlich die Ausgabe gemeinsamer europäischer Schuldtitel, an. Die Europäische Union (EU) könnte derart die zusätzliche Verschuldung übernehmen, die durch die Krise von 2008–2010 angefallen ist. Das würde es den einzelnen Mitgliedsstaaten erlauben, ihre Staatsfinanzen dauerhaft zu sanieren und wieder zu Kräften zu kommen.

Alles spricht für diese Lösung, die immer mehr Befürworter findet. Das europäische Führungspersonal scheint endlich bereit, weniger Buchstabentreue und mehr Flexibilität in der Auslegung der Verträge walten zu lassen, die in Wahrheit zu fast allem ermächtigen, wenn außergewöhnliche Umstände es erfordern. Aber es geht leider alles viel zu langsam. Man hat sich über das am 10. Mai beschlossene Hilfspaket von 750 Milliarden Euro etwas zu früh gefreut. Tatsächlich sind das nicht mehr als 5 % des europäischen BIP. Ganz zu schweigen davon, dass es sich um sehr unverbindliche Verpflichtungen handelt. Die einzige Dotierung, die einigermaßen klar definiert ist, sind die 50 Milliarden Euro (weniger als 0,5 % des europäischen BIP), die von der Kommission direkt im Namen der EU aufgenommen werden können. Der Rest sind vage Versprechungen. Sie betreffen eventuelle, vom Internationalen Währungsfonds (IWF) möglicherweise abgesegnete bilaterale Darlehen zwischen Staaten, auf die man sehr gut verzichten könnte. Mit solchen undurchschaubaren Konstrukten wird sich die Spekulation nicht eindämmen lassen.

Auch die Frage der Finanzierung muss geklärt werden. Nehmen wir an, die EU übernähme nationale Staatsschulden in Höhe von 20 Prozentpunkten des BIP. Aus welchen Mitteln soll diese Schuld beglichen werden? Wenn jedes Land einen Beitrag zum europäischen Haushalt leistet, der seinem BIP entspricht, könnte man auf den Gedanken kommen, die Schlange beiße sich in den Schwanz und letztlich sei nichts gewonnen. Statt nationale Steuern zu erhöhen, müsste eine europäische Steuer ins Leben gerufen werden (10 % auf europäische Körperschaftsgewinne würden völlig ausreichen), was bereits ein Fortschritt wäre. Schlüsselbedeutung hat eine europäische öffentliche Schuld, die es erlaubt, Geld zu niedrigen Zinsen zu leihen. Und dies umso mehr, als der Europäischen Zentralbank, die schon mit dem Ankauf nationaler Schulden begonnen hat, nichts anderes übrig bleiben wird, als dieses Vorgehen zu unterstützen, indem sie die europäische Schuld zu niedrigen Zinsen kauft. Genau das tut die amerikanische Federal Reserve (Fed) seit Anfang 2009. Indem sie zu 0 % hunderte Milliarden von Schatzanweisungen kauft, verringert sie die Last auf den Schultern des amerikanischen Steuerzahlers und sorgt für eine raschere Überwindung der Rezession als in Europa. Unter den gegebenen Umständen gibt es keine andere Lösung, als einen Teil der öffentlichen Schulden zu monetarisieren.

Und die Notenpresse wird einer hartnäckigen Überzeugung entgegen keine massive Inflation bewirken. Wenn man am Rande der Depression steht, muss man sich vor allem vor einer Deflationsspirale hüten. Zwischen September und Dezember 2008 haben die Fed und die EZB fast 2000 Milliarden Euro an neuem Geld geschaffen (10 Prozentpunkte des europäischen und amerikanischen BIP), um sie zu einem Zinssatz von 0 % den privaten Banken zu leihen. Dadurch haben sie eine Welle von Bankenpleiten verhindert – und das ohne zusätzliche Inflation. Heute muss das gleiche zur Rettung der Staaten getan werden. Wetten wir darauf, dass diese Lösung sich schließlich durchsetzen, aber bis dahin noch einige Zeit vergehen wird.

DIE ROLLE DER ZENTRALBANKEN ÜBERDENKEN

15. Juni 2010

Können die Zentralbanken uns retten? Nein, nicht ganz. Aber sie tragen ihren Teil zur Überwindung der gegenwärtigen Krise bei. Fangen wir ganz am Anfang an. Seit jeher gibt es für den Staat zwei Arten, an Mittel zu kommen: Steuern erheben oder Geld erzeugen. Steuern zahlen zu lassen ist im Allgemeinen sehr viel besser. Das Anwerfen der Notenpresse wird mit einer Inflation erkauft, deren Umverteilungseffekte nur schwer in den Griff zu bekommen sind (diejenigen, deren Einkommen weniger an die Inflation angepasst wird, kommt sie teurer zu stehen als andere) und die Wechselkurse und Produktion aus der Bahn wirft. Einmal in Gang gesetzt, lässt sich der Inflationsprozess zudem schwer wieder stoppen und bringt keinerlei Vorteile mehr.

In den 1970er Jahren erreichte die Inflation 10-15 % pro Jahr, ohne am wirtschaftlichen Stillstand und der steigenden Arbeitslosigkeit etwas zu ändern. Seit dieser anhaltenden Phase der «Stagflation» sind Regierungen und öffentliche Meinung der Überzeugung, Zentralbanken sollten «unabhängig» von der politischen Macht ihren Dienst versehen und sich darauf beschränken, die Geldmenge langsam und stetig wachsen zu lassen, um dafür zu sorgen, dass die Inflation niedrig bleibt (1-2 % pro Jahr). Niemand ist bislang so weit gegangen, einer Privatisierung der Zentralbanken das Wort zu reden (die Banque de France war bis 1936

Eigentum privater Aktionäre). Alleiniger Besitzer der Zentralbanken bleibt in Europa wie in den Vereinigten Staaten der Staat. Er legt ihre Statuten fest, beruft ihr Führungspersonal und streicht eventuelle Gewinne ein. Aber das Mandat, das die Staaten den Zentralbanken erteilt haben, weist sie nur an, eine schwache Inflation zu gewährleisten. Die massiven Darlehen, die sie den Staaten wie dem privaten Sektor gewährt hatten, sollten endgültig der Vergangenheit angehören: die Zentralbanken sollten nie wieder in das Funktionieren der Realwirtschaft eingreifen.

Die globale Finanzkrise hat von dieser Konzeption einer passiven Rolle der Zentralbanken, die auf die Stagflation der 1970er Jahre zurückging, nicht viel übrig gelassen. Zwischen September und Dezember 2008, im Gefolge der Lehman-Pleite, haben die zwei größten Zentralbanken der Welt ihre Bilanz verdoppelt. Die Gesamtaktiva der Fed und der EZB sind grosso modo von 10 auf 20 Prozentpunkte des amerikanischen und europäischen BIP gestiegen. Binnen weniger Monate sind 2000 Milliarden Euro an neuer Liquidität zusammengekommen, die den Privatbanken mit immer längeren Laufzeiten bei einem Zinssatz von 0 % geliehen wurden, um eine Welle von Bankenpleiten zu verhindern. Weshalb hat dieser massive Einsatz der Notenpresse zu keiner zusätzlichen Inflation geführt? Zweifellos deshalb, weil die Weltwirtschaft kurz vor einer deflationären Depression stand. Mithilfe der Zentralbanken konnte die totale Kreditsperre wie der Einbruch der Preise und der Wirtschaftstätigkeit abgewendet werden. Damit haben sie die Welt daran erinnert, wie unverzichtbar sie sind. Und tatsächlich hat niemand den Preis für ihre Intervention zahlen müssen, die Konsumenten so wenig wie die Steuerzahler.

Niemand hat den Preis gezahlt – nur haben die Staaten

unterdessen Defizite angehäuft, die es nun abzubauen gilt. Für diese Defizite sind freilich nicht die den Banken gewährten Darlehen verantwortlich (die sich in Grenzen halten, verglichen mit den von den Zentralbanken aufgezwungenen Krediten), sondern das Wegbrechen von Steuereinnahmen infolge der Rezession. Um die Last zu mildern, haben die Fed und inzwischen auch die EZB begonnen, staatliche Schuldtitel zu kaufen, also den Staaten selbst Geld zu leihen.

Diese halbherzig vorangetriebene Entwicklung vollzieht sich freilich viel zu langsam. Nach jahrzehntelanger Staatsschelte findet man offenbar weniger dabei, Geld zur Rettung von Banken als zur Rettung des Staates zu drucken. Dabei ist das Inflationsrisiko in beiden Fällen gleich gering und gleichermaßen beherrschbar. Die EZB könnte zu niedrigen Zinsen einen Gutteil der 20 Prozentpunkte übernehmen, um die sich die Staatsschulden durch die Rezession vermehrt haben, und zugleich ankündigen, die Zinssätze anzuheben, sobald die Inflation 5 % übersteigt. Das würde die europäischen Staaten nicht davon dispensieren, ihre Staatsfinanzen in Ordnung zu bringen und, vor allem, sich zusammenzutun, um endlich gemeinsame europäische Schulden zu emittieren und alle von den niedrigen Zinssätzen zu profitieren. Wenn sie stattdessen sämtlich auf drastische Sparmaßnahmen setzen, kann uns das geradewegs in ein Desaster führen. Kein Kapitalismus ohne Finanzkrisen. Und in schweren Krisen stellen die Zentralbanken ein unverzichtbares Instrument ihrer Bewältigung dar. Gewiss müssen ihrem unbegrenzten Vermögen der Geldschöpfung strikte Rahmenbedingungen gesetzt werden. Aber die Möglichkeiten dieses Instruments nicht auszuschöpfen, wäre in der gegenwärtigen Lage eine törichte und selbstmörderische Strategie.

ZAHLT LILIANE BETTENCOURT
STEUERN?

13. Juli 2010

Die Affäre Bettencourt wirft nicht nur die Frage nach einem Interessenkonflikt unserer Amtsträger auf, sie veranschaulicht auch in Vollendung eine Reihe fundamentaler Herausforderungen, vor denen die gegenwärtigen Gesellschaften stehen: das Altern des Vermögens, die wachsende Bedeutung der Erbschaft und mit ihr eine langfristige Entwicklung, die das meritokratische Ideal zutiefst in Frage stellt, vor allem aber die Ungerechtigkeit unseres Steuersystems. «Die gesellschaftlichen Unterschiede können allein auf den Gemeinnutzen gegründet sein», sagt Artikel 1 der Erklärung der Menschenrechte. Dass Liliane, fast neunzig, und ihre Tochter Françoise, Ende fünfzig, das Kapital von L'Oréal kontrollieren und dem Verwaltungsrat des Unternehmens angehören, ist eine Tatsache von offenbar sehr geringem Nutzen für die französische Wirtschaft und Gesellschaft. Unternehmerinnen sind beide nicht. Sie sind Erben, Rentiers – und in erster Linie damit beschäftigt, sich zu streiten, bis die Fetzen fliegen. Ein vernünftiges, das heißt gerechtes und wirksames, auf den Gemeinnutzen gegründetes Steuersystem hätte allen Grund, sie massiv zu besteuern, um für einen allmählichen Verkauf ihrer Papiere an Aktionäre zu sorgen, die weniger reich, aber dynamischer sind.

Was geschieht, ist das genaue Gegenteil. Zwar hat Liliane

stolz verkündet, sie habe in zehn Jahren insgesamt «397 Millionen Euro» an Einkommens- und Vermögenssteuern gezahlt. Aber ohne dessen gewahr zu werden, hat sie damit ausgeplaudert, wie weit ihr Steuertarif unter dem der Arbeitnehmer von L'Oreal wie jedes anderen liegt, der zum Leben nichts als seine Arbeit hat. Die Schätzungen der Magazine beziffern ihr Vermögen auf etwa 15 Milliarden Euro. In zehn Jahren hat sie also den Gegenwert von 2,5 % ihres Vermögens an Steuern gezahlt. Das sind 0,25 % pro Jahr. Nehmen wir einmal an, ihr von der Ministergattin Florence Woerth verwaltetes Vermögen werfe eine Jahresrendite von 4 % ab, was nicht gerade üppig ist. Ihr durchschnittlicher Steuersatz läge damit in den letzten zehn Jahren kaum über 6 % ihrer jährlichen Einkünfte (6 % von 4 % sind 0,24 %). Wie ist das möglich? Und wie kommt es, dass Liliane Bettencourt unter solchen Bedingungen von der Steuerobergrenze profitieren konnte? Ganz einfach: weil der Begriff des steuerrelevanten Einkommens, den diese Regelung zugrunde legt, mit dem wirklichen ökonomischen Einkommen nichts zu tun hat.

Aus ideologischen Gründen und zweifellos auch aus schierer Inkompetenz heraus hat die gegenwärtige Regierung eine Steuerobergrenze ins Leben gerufen, die wie eine Maschine zur Subventionierung von Rentiers funktioniert. Angenommen, Liliane gibt 15 Milliarden Euro steuerpflichtiges Vermögen an. Prinzipiell müsste sie jedes Jahr fast 1,8 % ihres Vermögens an Vermögenssteuer zahlen, also 270 Millionen Euro an Steuern. Bei einer Rendite von 4 % sollte ihr Vermögen ihr ein ökonomisches Realeinkommen von 600 Millionen Euro einbringen. Aber Liliane braucht nicht so viel Geld. Um ihren Majordomus, ihr Dienstmädchen etc. zu bezahlen, genügt es zweifellos, wenn sie sich 10 Millionen Euro Dividenden aus Gewinnen jener *Société Clymène* auszahlt, die ihr Vermögen verwaltet, während sich der Rest in besagter Gesellschaft in aller Ruhe akkumuliert. In diesem Fall geht der Fiskus davon aus, ihr steuerpflichtiges Einkommen belaufe sich auf 10 Millionen (und nicht 600). Bei einer Einkommensteuer von 40 % zahlt Liliane also insgesamt 274 Millionen Euro an Steuern, damit aber deutlich mehr als die Hälfte ihres steuerpflichtigen Einkommens von 10 Millionen. Was für eine Ungerechtigkeit, rufen die Wortführer der UMP *(Union pour un Mouvement Populaire)* im Chor: Liliane arbeitet mehr als das halbe Jahr nur für den Fiskus! Ja, es ist wahr, Liliane arbeitet ganz schön hart. Also hat sie ein Anrecht auf die Steuerobergrenze, anders gesagt: auf einen Scheck über 269 Millionen als Rückzahlung ihrer Vermögenssteuer.

So kommt es, dass die Lilianes dieser Welt in der glücklichen Lage sind, 5 Millionen Steuern für Einkünfte von 600 Millionen zahlen müssen. Das ist ein Steuersatz von weniger als 1 %. Je reicher der Rentier, so will es die Konstruktion, umso weniger ist er darauf angewiesen, sich ein hohes steuerpflichtiges Einkommen auszuzahlen – und umso höher fällt die Rückzahlung aus. Gar keine schlechte Erfindung, wenn man es recht bedenkt. Im vorliegenden Fall hat die Steuerobergrenze Mme. Bettencourt freilich nur einen Scheck über 30 Millionen beschert. Das liegt ohne Zweifel daran, dass ihr bei der Vermögenssteuer angegebenes Vermögen sich nur auf ein oder zwei Milliarden beläuft, während der Rest von der Steuernische für «Betriebsvermögen» profitiert oder von ihrer (durch die Steuerobergrenze ihrerseits stark begünstigten) Tochter angegeben wird. Schlafen Sie gut, es ist für alles gesorgt.

BAUSTEINE EINER UNAUFGEREGTEN DEBATTE ÜBER DIE VERMÖGENSSTEUER

12. Oktober 2010

Die Vermögenssteuer löst regelmäßig akute Aufregungsschübe aus, die ebenso ideologisch wie irrational sind. Vorerst letzter Schub: 100 Abgeordnete der UMP (*Union pour un Mouvement Populaire*) schlagen mitten in der Krise der Staatsfinanzen vor, sie abzuschaffen – und sich damit um 3 Milliarden Euro Steuereinnahmen zu bringen. Den reichsten 2 % der Franzosen einen Scheck über 3 Milliarden Euro auszustellen, während alle Welt sich den Kopf darüber zerbricht, wie der Staat seine Schulden begleichen könnte – darauf muss man erst mal kommen.

Schade, dass die Debatte über so abstruse Vorschläge nicht hinauskommt. Die direkte Vermögensbesteuerung spielt in allen Industrieländern eine wichtige Rolle, häufig in Gestalt einer Grundsteuer, die deutlich höher als in Frankreich ausfällt. Die Vermögenssteuer à la française versucht alle Arten von Vermögen auf dieselbe Weise zu behandeln, was effizienter ist, und sie besteuert sie nach einem progressiven Tarif, was gerechter ist. Eine solche Steuer verdient ganz sicher nicht, abgeschafft zu werden. Reformieren und verbessern lässt sie sich durchaus – immer vorausgesetzt, dass endlich eine unaufgeregte Debatte darüber in Gang kommt. Versuchen wir, dazu etwas beizutragen.

Glaubt man dem Insee (*Institut national de la statistique et des études économiques*) und der Banque de France, verfügen die französischen Haushalte abzüglich Schulden derzeit über ein Immobilien- und Finanzvermögen von ungefähr 9200 Milliarden Euro. Seit 2008, als es 9500 Milliarden erreicht hatte, ist das Vermögen der Franzosen leicht gesunken, aber es entspricht immer noch fast dem Sechsfachen des jährlichen Nationaleinkommens, gegenüber dem Vierfachen in den 1980er und weniger als dem Dreifachen in den 1950er Jahren. Niemals seit der Belle Époque (1900–1910) ging es den Vermögen besser. Dagegen verzeichnen Löhne, Einkommen und die Produktion seit dreißig Jahren sehr niedrige Wachstumsraten, und das wird sich aller Wahrscheinlichkeit nach fortsetzen. In diesem Kontext ist es durchaus sinnvoll, die Vermögen stärker zu belasten, um die Steuerlast auf Arbeit zu reduzieren – aber nicht das Gegenteil zu tun, wie es die UMP-Abgeordneten vorschlagen!

Von diesen 9000 Milliarden im Besitz der Haushalte werden gegenwärtig etwa 10 % jedes Jahr in der Vermögenssteuererklärung angegeben. Prinzipiell sind alle Haushalte, die über ein Vermögen über 790 000 Euro verfügen, also etwas mehr als 500 000 Haushalte (2 % der Bevölkerung) verpflichtet, ihre Finanz- und Immobilienwerte zu deklarieren. Praktisch liegen aber aufgrund der vielen Sonderregelungen die bei der Vermögenssteuer angegebenen Vermögen deutlich unter den wirklichen ökonomischen Vermögen: Nachlass von 30 % auf den Hauptwohnsitz, zahlreiche Steuernischen und, vor allem, Befreiung der «Betriebsvermögen», die von besonderer Bedeutung für die größten Vermögen ist – ob ihr Besitzer nun eine Berufstätigkeit ausübt oder nicht. Mittlerweile berüchtigtes Beispiel: Liliane Bettencourt besitzt nach eigenem Bekunden ein Realvermögen von 15 Milliarden Euro, von denen

sie aber offenbar nur 1 oder 2 Milliarden bei der Vermögenssteuer angibt – wie es scheint, völlig legal. Zieht man
verschiedene Quellen heran, so kann man das wirkliche
Vermögen der Personen, die vermögenssteuerpflichtig sind,
auf etwa 2500 Milliarden Euro, also auf ungefähr 30 % des
Gesamtvermögens der Franzosen schätzen.

Wie immer es darum bestellt sein mag, Tatsache ist, dass
das gesamte Vermögenssteueraufkommen 0,3 % der 900
Milliarden Euro besteuerbaren Vermögens kaum über-
schreitet. Die Behauptung, eine Abgabe dieser Größenordnung zerstöre den Unternehmergeist und bedrohe das
ökonomische Gleichgewicht, ist schlicht und einfach nicht
seriös. Ebenso unseriös ist es, irgendeine massive Abwanderung zu beschwören. Wie die von Gabriel Zucman
zusammengetragenen Statistiken zeigen, sind die bei der
Vermögenssteuer angegebenen Vermögen während der gesamten 1990er und 2000er Jahre mit einer extrem hohen
Zuwachsrate gestiegen. Das lässt sich kaum mit der
Hypothese eines durch Abwanderung verursachten Ver-
siegens der Steuerquellen vereinbaren. Und schließlich
trifft es auch nicht zu, die Vermögenssteuer habe sich als
Besteuerung armer Pariser Führungskräfte erwiesen, die
das Unglück haben, Eigentümer ihrer Wohnung zu sein. Die
steuerpflichtigen Vermögen unter 1,3 Millionen Euro machen derzeit kaum 10 % des gesamten Steueraufkommens
aus, gegenüber ungefähr 50 %, die zu Lasten der Vermögen
über 7,5 Millionen Euro gehen.

Darüber darf man freilich nicht übersehen, dass die
Vermögenssteuer an einem gravierenden Mangel leidet.
Ihre zahlreichen Ausnahmen ermöglichen es den Reichsten,
sehr viel weniger zu zahlen als sie sollten, und häufig ein
Vermögen zu deklarieren, das mit ihrem wirklichen Ver-

mögen nicht viel zu tun hat. Das ist das Bettencourt-Syndrom, das tatsächlich von sehr viel größerer Tragweite ist. Eine dringliche Reform bestünde darin, diese Nischen abzuschaffen und derart die Bemessungsgrundlage auszuweiten. Das würde dazu beitragen, das Defizit abzubauen und – wenn der Zustand der öffentlichen Finanzen es zulässt – die Steuersätze zu senken, mit denen weniger große Vermögen belastet werden.

MUSS MAN ANGST VOR
DER FED HABEN?

9. November 2010

Der neue Handlungsplan, den die amerikanische Federal Reserve letzte Woche vorgelegt hat, sorgt für erhebliche intellektuelle Verwirrung und ruft Wahnvorstellungen aller Art hervor. Zunächst natürlich in den hyperrepublikanischen Milieus, die der Fed ewige Feindschaft geschworen haben. Die Anhänger der Tea-Party-Bewegung versteigen sich schon dazu, die Abschaffung der Fed und die Wiedereinführung des Goldstandards zu fordern! Erstaunlicher ist, dass unter bestimmten europäischen Beobachtern, die für gewöhnlich besser informiert sind, eine fast ebenso tiefe Beunruhigung herrscht. Glaubt man den extremsten, so gefährdet die Rückkehr zur «Notenpresse» nichts Geringeres als das globale Gleichgewicht. In der Wochenendausgabe von *Le Monde* ist Pierre-Antoine Delhommais so weit gegangen, Zweifel an der geistigen Gesundheit von Ben Bernanke, dem Präsidenten der Fed, anzumelden. Führen wir uns die Sache genauer vor Augen. Und sagen wir es in aller Deutlichkeit: Die Welt wird in diesen Tagen ganz sicher nicht von der Rückkehr der Inflation bedroht, die derzeit in den Vereinigten Staaten wie in Europa unter 1 % liegt. Der von der Fed angekündigte Ankauf von Schatzanweisungen hat ein Volumen von 600 Milliarden Dollar (432 Milliarden Euro), also weniger als 5 % des amerikanischen BIP. Die Vorstellung, eine Geldschöpfung dieser Größenordnung könnte uns in die Hyperinflation stürzen, entbehrt jeder Grundlage. Sie wird bestenfalls, und tatsächlich wäre das eine vorzügliche Sache, zu einer Inflation von ein paar Prozent führen. Was heute droht, ist sehr viel eher eine anhaltende deflationäre Stagnation – eine Gefahr, die von einer Politik strenger Haushaltsdisziplin noch verschärft wird. Unter solchen Bedingungen ist es völlig legitim, wenn Fed und Europäische Zentralbank Kredite an Staaten vergeben, deren öffentliche Finanzen von der Finanzkrise und der Rezession zerrüttet wurden. Das Vorgehen der Zentralbanken ermöglicht eine Senkung der Zinssätze für Staatsanleihen, was die Haushaltszwänge der Staaten mildert – und das ist in diesen Zeiten besser als gar nichts. Dadurch kann auch einer Spekulation der Märkte Einhalt geboten werden, wie sie während der griechischen Krise zu beobachten war. Natürlich müssen die Staatsdefizite reduziert werden. Sie zu rasch und ohne den Beistand der Zentralbanken abzubauen, wäre allerdings schierer Wahnsinn und würde die Rezession, die man bekämpfen will, in Wahrheit nur verstärken.

Merkwürdigerweise hat alle Welt die Zentralbanken verteidigt, als es vor zwei Jahren um die Rettung eben jenes privaten Finanzsektors ging, der für die globale Krise verantwortlich war. Die jahrzehntelange systematische Staatsschelte hat offenbar Spuren hinterlassen. Und darüber ist schließlich in Vergessenheit geraten, dass die Zentralbanken nicht dazu da sind, um Däumchen zu drehen. In schweren Krisen spielen sie eine unverzichtbare Rolle als Kreditgeber letzter Instanz. Es könnte gut sein, dass diese Rolle in den kommenden Jahren noch stark ausgebaut werden muss.

Glücklicherweise beginnt man in Europa, diese Tatsache anzuerkennen. Der Europäische Zentralbankrat, der kaum einer übertriebenen Vorliebe für die Inflation verdächtig ist, hat den Entschluss des Präsidenten der EZB, Jean-Claude Trichet, seine Politik des Ankaufs von Staatsanleihen fortzusetzen, massiv unterstützt. Die einzige Gegenstimme, die des Präsidenten der Bundesbank, Axel Weber, stieß auf scharfe Kritik, auch im eigenen Land. Es ist also nicht die Stunde, die Fed zu kritisieren. Wir sind auf eine EZB angewiesen, die in den kommenden Monaten diese Politik weiterverfolgt.

Sosehr die Zentralbanken das Ihre zur Überwindung der gegenwärtigen Krise beitragen, sowenig sollte man ihre Macht überschätzen. Weder sie noch irgendjemand sonst wird das Geringste daran ändern, dass wir in einer Zeit leben, in der die armen Länder gegenüber den reichen Ländern aufholen; in einer Zeit also, in der Europa und die Vereinigten Staaten ein Wachstum von 1–2 % pro Jahr verzeichnen, China, Indien oder Brasilien dagegen ein Wachstum von 5 oder 10 %. Das wird sich zweifellos fortsetzen, bis letztere erstere eingeholt haben, während danach aller Wahrscheinlichkeit nach die ganze Welt ein relativ schwaches Wachstum erleben dürfte. Es ist besser, sich mit dieser unabwendbaren Realität abzufinden, als überall nach Schuldigen zu suchen.

DER SKANDAL DER IRISCHEN BANKENRETTUNG

7. Dezember 2010

Irland war einmal ein Wunder – aus dem ein Desaster wurde, das sich zum Skandal zu entwickeln droht. Es ist ungeheuerlich, dass die Europäische Union heute etwa 90 Milliarden Euro zur Rettung der irischen Staatsfinanzen bereitstellt, ohne zuvor eine Anhebung der Körperschaftssteuer zu fordern, die in Irland derzeit bei 12,5 % liegt, aber mindestens bei 25-30 % liegen sollte. Zunächst, weil sich die Gewinne der Banken und anderer in Irland ansässiger Unternehmen dank dieses europäischen Rettungsplans wieder erholen werden. Dass die Gewinne dann angemessen besteuert werden, ist das Mindeste, was man verlangen kann. Vor allem, weil Wachstumsstrategien, die auf Steuerdumping beruhen, zum Scheitern verurteilt sind – und für Nachbarländer so schädlich sind wie für jene, die auf diese Strategien setzen. Es ist überfällig, dass die EU die Dinge in die Hand nimmt und dem ein Ende setzt, im Austausch gegen die finanzielle Stabilität, für die sie in der gesamten Eurozone sorgt. Immer vorausgesetzt, dass sie auch wirklich dafür sorgt.

In sämtlichen europäischen Ländern machen Steuern und sonstige Abgaben mindestens 30–40 % des BIP aus und finanzieren anspruchsvolle Infrastrukturen, öffentliche Dienste (Schulen, Krankenhäuser) und soziale Netze (Arbeitslosenversicherung, Altersversorgung). Besteuert man die Körperschaftsgewinne mit nur 12,5 %, kann das nicht funktionieren – es sei denn durch massive Besteuerung der Arbeit, was ebenso ungerecht wie ineffizient ist und überdies dazu beiträgt, dass die Arbeitslosigkeit in Europa steigt.

Nennen wir die Dinge beim Namen: Wenn Länder ihren Reichtum dem innereuropäischen Handel verdanken, um dann das Steueraufkommen ihrer Nachbarn abzusaugen, dann hat das mit den Prinzipien der Marktwirtschaft nichts zu tun, sondern ist schierer Diebstahl. Und wenn man Leuten Geld leiht, die einen bestohlen haben, ohne im Gegenzug etwas zu verlangen, damit sich das nicht wiederholt, dann ist das schiere Dummheit.

Das Schlimmste ist, dass dieses Dumping auch den kleinen Ländern schadet, die es praktizieren. Natürlich ist jedes einzelne Land nur ein Rädchen im Getriebe: Wie in einem Rüstungswettlauf liegt es im Interesse der Iren, auf ihrem niedrigen Körperschaftssteuersatz zu beharren, solange Polen, Estland etc. es genauso halten. Daher kann nur die Europäische Union diesem lächerlichen Nullsummenspiel ein Ende bereiten. Man könnte sich eine gesamteuropäische Körperschaftssteuer vorstellen oder auch ein duales System mit einem Minimum von 25 % in jedem Land und einer zusätzlichen europäischen Besteuerung von 10 %. Das würde der EU erlauben, die von der Krise geschaffene zusätzliche Staatsverschuldung zu übernehmen und den nationalen Staatsfinanzen einen Neuanfang mit erstarkten Kräften zu ermöglichen.

Die Dinge wieder in die Hand zu nehmen, ist umso dringlicher, als das Dumping ganz unmittelbar mitverantwortlich für die irische Blase und die derzeitige Krise ist. So hat es insbesondere zu ganz massiven künstlichen Buchungen

geführt und damit die irischen Bankbilanzen und Volkswirtschaftlichen Gesamtrechnungen völlig undurchschau-
bar werden lassen. Letztere sind heute stark verzerrt von
den enormen Strömen des *transfer pricing* (mit dem Gewinne,
die in Filialen anderer europäischer Länder erzielt wurden,
nach Irland verschoben werden), deren genauen Umfang
keiner kennt. Diese undurchsichtige Buchführung hat ein
Ausmaß angenommen, das selbst das der griechischen
Manipulation der Rüstungsausgaben und des Haushaltsdefizits übertrifft. In beiden Fällen ist es an Europa, für
Ordnung zu sorgen.

Vorausgesetzt, man greift nicht zu den falschen Werk-
zeugen. Der Vorstoß von Merkel und Sarkozy, die sich für
einen Teilerlass bestimmter souveräner Staatsschulden eingesetzt haben (Haircut), war offenbar keine gute Idee.
Zunächst einmal ist gerade dann, wenn man Banken und
Inhaber finanzieller Vermögenswerte für ihre Irrtümer zur
Kasse bitten will, wie man es unbedingt tun sollte, ein «fiskalischer Haircut» die sehr viel bessere Lösung, bei dem
man die Schulden zurückzahlt, aber gleichzeitig die Profite
des Finanzsektors über eine europäische Unternehmens-
steuer zur Finanzierung heranzieht. Ein «wilder», auf einem Staatsbankrott beruhender Haircut bleibt ein unbere-
chenbarer Vorgang, bei dem niemand genau absehen kann,
wer am Ende die Rechnung begleichen muss. Vor allem
führt diese Strategie der großen Länder dazu, dass ein
Gemenge unterschiedlicher Zinssätze auf die jeweiligen
Staatsschulden der 27 europäischen Mitgliedstaaten ent-
steht, was die Spekulation anheizt. Das stellt nichts anderes
als die Logik der Einheitswährung selbst auf den Kopf – und
mit ihr das Interesse kleiner Länder, der Währungsunion
beizutreten. Es ist dringlich, dass die französischen und

deutschen Führungen sich endlich auf eine ehrgeizigere Vision von Europa besinnen, um einen Ausweg aus der gegenwärtigen Krise zu finden.

JAPAN: PRIVATER REICHTUM, ÖFFENTLICHE SCHULDEN

5. April 2011

Von Europa aus betrachtet, sorgt an den japanischen Verhältnissen eines für anhaltende Verwunderung und Unverständnis. Wie kommt es, dass Japan eine Staatsschuld von über 200 % seines BIP hat (das Zweifache des Bruttoinlandsproduktes) – und allem Anschein nach niemand darüber beunruhigt ist? Welche Realitäten, welche politischen Entscheidungen stecken hinter diesen kolossalen Schulden? All die Zahlen, mit denen man uns täglich füttert, ob in Prozenten des BIP oder in Tausenden von Milliarden ausgedrückt, haben sie irgendeine Bedeutung – oder sollten wir einfach weiterblättern, wenn sie uns das nächste Mal begegnen?

Um ihrer Bedeutung auf die Spur zu kommen, stützt man sich am besten auf die Volkswirtschaftlichen Gesamtrechnungen, die inzwischen auch den Vermögensbestand (Immobilien- und Finanzwerte) der verschiedenen Akteure (Haushalte, Unternehmen, Regierungen, der Rest der Welt), also nicht mehr bloß Produktions- und Einkommensströme, berücksichtigen. Diese Gesamtrechnungen sind sicher nicht über jeden Zweifel erhaben. So ist ihnen zum Beispiel zu entnehmen, dass die Nettovermögenspositionen auf globaler Ebene insgesamt negativ sind – was logisch unmöglich ist, solange man nicht annimmt, wir hätten im statistischen Durchschnitt Schulden beim Mars. In

Wahrheit gibt diese Unstimmigkeit einen Hinweis darauf, dass ein nicht unerheblicher Teil der finanziellen Vermögenswerte, die in Steueroasen versteckt sind, nicht korrekt erfasst wird. Wie Gabriel Zucman jüngst gezeigt hat, wird dadurch vor allem die Nettoauslandsposition der Eurozone verzerrt, die wohl sehr viel positiver ist, als die offiziellen Statistiken es erkennen lassen. Wohlhabende Europäer haben allen Grund, einen Teil ihrer Aktiva zu verbergen, und die Europäische Union tut für den Augenblick nicht, was sie tun sollte – und tun könnte –, um sie davon abzuhalten.

Diese Unzulänglichkeiten sollten uns indessen nicht entmutigen. Im Gegenteil: Durch die Prüfung der Volkswirtschaftlichen Gesamtrechnungen trägt man zu ihrer Verbesserung bei. Wie stets in der Ökonomie muss man anerkennen, dass man sehr weit unten anfängt – genau das macht die Disziplin relativ interessant und ihre Fortschritte potentiell beträchtlich.

Nicht zählen zu wollen, kommt stets den Reichsten und damit eher dem bestehenden Reichtum, der sich nur zu gut zu verteidigen weiß als dem entstehenden Reichtum zugute.

Kommen wir auf den Fall Japans zurück. Wenn man von öffentlichen Schulden spricht, ist zunächst festzuhalten, dass der private Reichtum immer größer als die privaten und öffentlichen Schulden ist. In Japan wie in Europa oder den Vereinigten Staaten verfügen die Haushalte abzüglich Schulden über Finanz- und Immobilienwerte in Höhe von 500–600 % des BIP. Das Nationaleinkommen in unseren reichen Gesellschaften beläuft sich auf etwa 30000 Euro pro Einwohner, das durchschnittliche Vermögen auf etwa 180000 Euro pro Einwohner, also das Sechsfache des Jahreseinkommens.

Zweitens ist festzuhalten, dass die japanische Regierung

zwar Bruttoschulden in Höhe von mehr als 200 % des BIP hat, aber auch nicht finanzielle Aktiva in Höhe von 100 % des BIP besitzt (Immobilien, Grundstücke) sowie finanzielle Aktiva von noch einmal 100 % des BIP (Beteiligungen an öffentlichen Unternehmen, Sparkassen und halbstaatlichen Finanzinstituten). Die Aktiva und Passiva wiegen einander also annähernd auf.

Gleichwohl ist die Nettovermögensposition des japanischen Staatssektors in diesen letzten Jahren leicht negativ geworden, was tatsächlich sehr ungewöhnlich ist: Eine Regierung kann nicht anfangen, alles zu verkaufen, was sie besitzt. Zum Vergleich: Die französischen und deutschen Staatsverwaltungen haben auch nach der Krise eine deutlich positive Vermögensposition. In Frankreich nähert sich die öffentliche Schuld den 100 % des BIP, aber die öffentlichen Aktiva (finanzielle und nicht finanzielle) belaufen sich auf fast 150 % des BIP.

Diese japanische Besonderheit ist umso überraschender, als Japan – öffentliche und private Sektoren zusammengenommen – eine extrem positive Nettoposition gegenüber dem Rest der Welt hat. Im Lauf der letzten zwanzig Jahre haben die Japaner Nettoauslandsaktiva in Höhe von fast dem Nationaleinkommen eines Jahres akkumuliert. Dieses Ungleichgewicht zwischen privatem Reichtum und öffentlichen Schulden war bereits vor dem Tsunami erkennbar. Korrigieren lässt es sich nur durch eine Erhöhung der Steuerbelastung des japanischen Privatsektors, die sich gegenwärtig auf kaum 30 % des BIP beläuft. Die jüngsten Verwerfungen sollten diese seit 1990 immer wieder aufgeschobene Entwicklung beschleunigen und dazu beitragen, Japan an Europa anzunähern – mit allen Schwierigkeiten, die damit verbunden sind.

GRIECHENLAND: FÜR EINE EUROPÄISCHE BANKENABGABE

28. Juni 2011

Deutschland hat völlig Recht, wenn es Banken und andere Finanzinstitutionen, die Griechenland Geld zu teilweise sehr hohen Zinsen geliehen haben, einen Teil der Kosten des gegenwärtigen Desasters tragen lassen will. Nur sollte dies auf geordnete, gerechte und berechenbare Weise geschehen, nämlich mittels einer europäischen Bankenabgabe und nicht durch einen Teilerlass griechischer Staatsschulden.

Aber welchen Unterschied macht das? Tatsächlich ändert es alles. Das Problem des Schuldenerlasses ist, dass seine Konsequenzen sich nicht vorhersehen lassen. Man beginnt damit, den Wert der griechischen Staatsanleihen um einen bestimmten Prozentsatz, sagen wir 50 %, zu reduzieren. Wer 100 geliehen hat, wird nur 50 zurückbekommen (eine Abwertung oder, wie man heute gern sagt, ein *haircut* von 50 %). Da die Banken die heiße Kartoffel aber schon tausendmal herumgereicht haben, häufig mit zahlreichen Versicherungsverträgen, die beide Seiten binden (insbesondere die berühmten CDS, *Credit Default Swap*, ein Instrument, das es letztlich erlaubt, Wetten auf die Wahrscheinlichkeit eines griechischen Zahlungsausfalls abzuschließen), und da manche Akteure sich im Besitz griechischer Schulen befinden, ohne davon zu wissen (zum Beispiel haben zahlreiche Sparer sich in ihren Lebensversicherungsverträgen *packages* europäischer Schuldtitel andrehen lassen, und die wenigsten haben das Kleingedruckte gelesen), weiß letztlich keiner, wer am Ende die Rechnung begleichen wird. Es gibt keinen Grund zu der Annahme, die Verteilung der Lasten werde gerecht ausfallen. Häufig sind die vermögenderen Akteure in Finanzdingen besser informiert und haben sich rechtzeitig von toxischen Produkten getrennt. Und es gibt allen Grund zu der Annahme, dass die erdrutschartigen Auswirkungen auf die Bankbilanzen zu Panikanfällen im europäischen Finanzsystem, also zu einer Pleitewelle, führen werden. Das gilt insbesondere dann, wenn die Märkte sich darauf einstellen, dass die gleiche Strategie des «wilden» Haircut bei anderen Ländern, die in Schwierigkeiten sind, ebenfalls zur Anwendung kommen wird.

Die großen Finanzinstitutionen sind, so mächtig sie scheinen, in Wahrheit extrem anfällig, weil sie selbst fast nichts besitzen. Ihre Bilanz weist gewaltige Aktiva und Passiva aus (1000 Milliarden Euro bei einer mittelgroßen Bank, also 500 % des griechischen BIP), gegenüber einem häufig sehr geringen Eigenkapital (sagen wir 10 Milliarden Euro). Ein griechischer Zahlungsausfall könnte schreckliche Explosionen auslösen.

Frankreich und die EZB haben also Recht, den Schuldenschnitt abzulehnen. Aber die französische Lösung, die auf einen freiwilligen Beitrag der Banken setzt, ist nicht tragfähig. Sie läuft, grob gesagt, auf ein paar Anrufe bei befreundeten Bankern hinaus, die man bittet, länger als geplant griechische Anleihen zu halten und ihre Darlehen zu verlängern. Was sie im Gegenzug dafür erhalten, wird nicht weiter erläutert. So sind die europäischen Probleme nicht zu lösen. Frankreich sollte im Gegenteil den festen und legitimen Willen Deutschlands aufgreifen, «die Banken zur

Kasse zu bitten», und die Schaffung einer wirklichen Bankensteuer oder -abgabe aushandeln, die eine Beteiligung des Finanzsektors an der gegenwärtigen Restrukturierung erlaubt.

Der große Vorteil eines «fiskalischen» gegenüber einem «wilden» Haircut liegt darin, dass Bemessungsgrundlage und Abgabesatz sehr genau austariert werden können, um nur die Banken zahlen zu lassen, die über die erforderlichen Mittel verfügen, und jede Panik zu vermeiden. Und eine solche Abgabe könnte durchaus der zarte, aber reale Keim eines künftigen europäischen Steuersystems sein. Steuern werden in Krisenzeiten als Antwort auf einen ganz bestimmten Bedarf eingeführt. Sie mag es nicht explizit aussprechen, aber in diese Richtung geht auch der Vorschlag der EZB, ein wirkliches Europäisches Finanzministerium zu schaffen. Kann es ein Finanzministerium ohne Steuern geben?.

Wie könnte eine solche Abgabe konkret aussehen? Würde man sie in Prozent der griechischen Aktiva berechnen, die von den jeweiligen Finanzinstitutionen gehalten werden, wäre die Abgabe ihrer Konstruktion nach das genaue Äquivalent des Schuldenerlasses – mit den gleichen unheilvollen Auswirkungen. Banken, die viele griechische Aktiva halten, aber über geringe Liquidität verfügen, können in die roten Zahlen rutschen. Dagegen könnte man, um sicherzustellen, dass nur Banken mit den erforderlichen Mitteln einen Beitrag leisten, die Abgabe nur auf Gewinne erheben. Das würde die Bankenabgabe zu einer zusätzlichen europäischen Gewinnsteuer machen – und potentiell zur Initialzündung für eine echte europäische Körperschaftssteuer beitragen. Man kann sich eine Zwischenlösung vorstellen, die von beiden Bemessungsgrundlagen ausgeht.

Oder ein Verfahren, bei dem das Eigenkapital der Bank zugrunde gelegt würde, was eine Reihe von Vorteilen für die Finanzregulierung und -aufsicht hätte. Aber wie immer die Lösung am Ende aussehen mag, es muß jetzt eine europäische Debatte darüber geführt werden.

WENN DAS FINANZMINISTERIUM
DIE PRESSE MANIPULIERT

27. September 2011

Nun haben wir es schriftlich. Die Reichen zahlen nicht weniger Steuern als andere. Zumindest ist es das, was die Wirtschaftstageszeitung *Les Échos* voller Stolz auf der Titelseite verkündet. Als Quelle der frohen Botschaft wird eine «Studie des Finanzministeriums» genannt. Online ist sie leider nicht zu finden, aber meine Neugier war geweckt, also habe ich die Verfasserin des Artikels kontaktiert. Unmöglich, wurde mir mitgeteilt, die Studie könne sie mir nicht zugänglich machen. Es handele sich um eine vertrauliche Mitteilung, die sie nicht weiterleiten dürfe. Da ich hartnäckig blieb, stellte sich schließlich heraus, dass es bloß um ein paar vage Zahlen geht, die nicht den leisesten Beweis für jene Meldung beibringen.

Was genau behauptet also die Notiz aus dem Finanzministerium? Dass nach den jüngsten verfügbaren Steuerdateien der effektive Steuersatz an der Spitze der Einkommenspyramide nicht mehr sinkt. In der Gruppe der 100 000 reichsten Steuerzahler halte sich der Steuertarif, definiert als «Verhältnis der Einkommensteuer zum tarifgemäß steuerpflichtigen Einkommen», stabil bei etwa 30 %, ja sei leicht gestiegen (31,4 % für die 10 000 Reichsten, 32,5 % für die 100 Reichsten). Das Problem ist, dass die Berechnung dieser so genannten effektiven Steuersätze vom steuerpflichtigen, nicht vom ökonomischen Einkommen ausgeht. Die Hauptsünde unseres Steuersystems besteht aber darin, dass der Anteil des steuerpflichtigen Einkommens am Realeinkommen zur Spitze der Einkommensverteilung hin massiv abnimmt, weil der größte Teil der Vermögenseinkommen steuerbefreit ist. Die Steuer auf das Einkommen der Reichsten mag also, um das zu konkretisieren, 30 % ihres steuerpflichtigen Einkommens betragen, aber das sind weniger als 15 % ihres Realeinkommens. Weshalb? Weil die Gesamtheit der Finanzeinkommen (Dividenden und Zinsen), die dem progressiven Einkommensteuertarif unterliegen und sich beim steuerpflichtigen Einkommen finden, weniger als 20 Milliarden ausmacht – gegenüber mehr als 40 Milliarden, wenn man Einkommen, die bei der Abgeltungssteuer und den Veräußerungsgewinnen angegeben werden, mitrechnet. Und mehr als 80 Milliarden, wenn man die Gesamtheit der Finanzeinkommen berücksichtigt, die der *contribution sociale généralisée,* der «allgemeinen Sozialabgabe» unterliegen (eine Bemessungsgrundlage, die gegenüber den Volkswirtschaftlichen Gesamtrechnungen ihrerseits nur die Hälfte ausmacht, aber immerhin viermal größer als das steuerpflichtige Finanzeinkommen ist). Alle Details sind online verfügbar unter revolution-fiscale.fr.

Wenn man gar nicht erst versucht, diese Verzerrung zu korrigieren, und sich auf die Untersuchung des steuerpflichtigen Einkommens beschränkt, hat man natürlich geringe Chancen, die Regressivität unseres Steuersystems ans Licht zu bringen – eine Regressivität, die durch die jüngst erfolgte Senkung der Vermögenssteuer zwangsläufig verstärkt worden ist. Unter methodologischen Gesichtspunkten ist all das nicht besonders seriös. Und es ist auch nicht normal, dass eine derart plumpe Verschleierungstaktik von den Journalisten von *Les Échos* nicht entlarvt wurde.

Daraus ist zunächst die Lehre zu ziehen, dass eine moderne und offen geführte Steuerdebatte sich kaum voranbringen lässt, solange es Journalisten gibt, die gewillt sind, sich auf kleine vertrauliche Mitteilungen dieser Art zu stützen, ohne sie der geringsten Prüfung zu unterziehen oder auch nur zum Telefon zu greifen. Wir haben uns mit Camille Landais und Emmanuel Saez die Mühe gemacht, sehr detaillierte Daten und Programme online zu stellen, um Licht ins Dunkel des französischen Steuersystems zu bringen. Und wir haben mit Facundo Alvaredo, Anthony Atkinson und einem Dutzend weiterer Forscher Steuerdaten aus 23 Ländern über einen Zeitraum von hundert Jahren systematisch ausgewertet. Die Zahlen dieser *World Top Incomes Database*, auf die man sich überall in der Welt bezieht, sind ihrerseits online zugänglich und stellen die vollständigsten internationalen Datenreihen zur historischen Entwicklung der Ungleichheit dar.

Wir behaupten nicht, dass diese Daten unfehlbar sind, und es steht jedem frei, sich den Empfehlungen für eine Steuerreform, die wir aus ihnen ableiten, nicht anzuschließen. Aber sie haben den Vorzug, öffentlich zugänglich und bis ins Detail überprüfbar zu sein. Jeder kann sie ergänzen und verbessern, sofern er sich nur die gleichen Standards für Genauigkeit und Transparenz zu eigen macht. Und wenn den Ämtern neue Steuerdaten vorliegen, dann sollten sie, korrekte – und technisch ganz unproblematische – Anonymisierung vorausgesetzt, diese Daten ihrerseits in aller Öffentlichkeit der Forschung zugänglich machen.

Diese Affäre wirft auch die weiterreichende Frage nach der Finanzierung und Unabhängigkeit der Presse auf. 2007 hatten die Journalisten von *Les Échos* versucht, sich der Übernahme ihrer Zeitung durch die LVMH-Gruppe von

Bernard Arnault entgegenzustellen. Zu Recht besorgt um ihre Unabhängigkeit, hatten sie eine groß angelegte Petition gestartet, die von zahlreichen Forschern unterzeichnet wurde. Umsonst. Die erste Wirtschaftstageszeitung ist seit 2007 Eigentum des reichsten Franzosen, der übrigens ein enger Freund von Präsident Sarkozy ist. Ich weiß nicht, ob die Zeitung darum immer deutlicher auf die Linie der Thesen einschwenkt, die von den herrschenden politischen Kräften vertreten werden. Es gibt Tage, da meint man den *Figaro* zu lesen, der sich im Besitz von Serge Dassault befindet, seines Zeichens Senator der UMP, und unterdessen fast zum offiziellen Regierungsorgan geworden ist. Oder sollte man den Journalisten von *Les Échos* noch größere Unredlichkeit unterstellen und annehmen, sie würden bloß noch die finanziellen Interessen ihrer Leser vertreten – die ihrerseits mehr und mehr jeden Kontakt zu den Normalsterblichen verloren haben? Wie dem auch sei – diese Entwicklung, die von zahlreichen Pressevertretern selbst beklagt wird, gibt Anlass zur Sorge um die Demokratie.

ARM WIE JOBS

25. Oktober 2011

Alle lieben Steve Jobs. Mehr noch als Bill Gates ist er zum Symbol des sympathischen Unternehmers und seines wohlverdienten Reichtums geworden. Während der Gründer von Microsoft sein Vermögen dem faktischen Monopol auf Betriebssysteme verdankt (dennoch musste Windows erst erfunden werden), hat der Schöpfer von Apple uns eine Innovation nach der anderen beschert (iMac, iPod, iPhone, iPad...) und nicht nur den Gebrauch, sondern auch das Design der Informatik revolutioniert. Natürlich weiß kein Mensch, welchen Anteil die Arbeit dieser individuellen Genies an alledem hatte – und welchen die Arbeit der Millionen von Ingenieuren, an deren Namen sich niemand erinnert – nicht zu reden von all jenen, ohne deren Grundlagenforschung in Elektronik und Informatik keine dieser Erfindungen denkbar gewesen wäre. Und dennoch – kein Land und keine Regierung, ob rechts oder links, die sich nicht glücklich schätzen müssten, solche Unternehmer zu haben.

In der symbolischen Ordnung sind Jobs und Gates denn auch Inkarnationen des verdienstvollen Reichen, einer Figur, die in Zeiten wie diesen versöhnlich stimmt. Fast möchte man daraus schließen, ihre Vermögen (8 Milliarden Dollar für Jobs, 50 Milliarden Dollar für Gates, glaubt man dem Ranking des *Forbes Magazine*) seien gerade so groß, wie sie es in einer idealen Ordnung sein sollten – und alles laufe denkbar gut in dieser besten aller Welten. Leider ist Reichtum nicht nur Sache des Verdienstes, und bevor man sich ganz dieser beglückenden Vorstellung hingibt, kann es nicht schaden, genauer hinzuschauen.

Erster Verdachtsmoment: Jobs, der Erfinder, ist sechsmal ärmer als Gates, der Rentier von Windows. Vielleicht ein Beweis dafür, dass die Wettbewerbspolitik sich noch verbessern kann.

Noch irritierender: All seinen genialen Erfindungen und weltweiten Verkaufszahlen im zweistelligen Millionenbereich zum Trotz besitzt Jobs nur 8 Milliarden Dollar, also dreimal weniger als unsere Liliane Bettencourt (inzwischen mit 25 Milliarden im Plus), die nie gearbeitet, sondern es dabei belassen hat, sich ihren Reichtum vererben zu lassen. Das Ranking von *Forbes* (obwohl ganz darauf bedacht, die Bedeutung der Erbschaft methodisch wie rhetorisch herunterzuspielen) zählt Dutzende von Erben, die reicher sind als Jobs.

Und am verstörendsten: Jenseits einer bestimmten Schwelle wachsen die ererbten Vermögen ebenso schnell (und explosionsartig) wie die der Unternehmer. Zwischen 1990 und 2010 ist das Vermögen von Bill Gates von 4 Milliarden auf 50 Milliarden Dollar, das von Liliane Bettencourt von 2 auf 25 Milliarden Dollar gestiegen. Das entspricht im einen wie im anderen Fall einem durchschnittlichen Jahreszuwachs von mehr als 13 % (also einer inflationsbereinigten Realrendite von 10-11 %). Dieses Extrembeispiel wirft ein Licht auf ein allgemeineres Phänomen. Normalsterbliche müssen sich mit einer durchschnittlichen Realrendite von 3-4 % begnügen, sehr kleine Vermögen mit noch weniger (das übliche französische Sparbuch, Livret A, wirft derzeit 2,25 % ab, also weniger als

0,5 % über der Inflation). Die bedeutendsten Vermögen, die es sich leisten können, größere Risiken einzugehen und Vermögensverwalter zu bezahlen, erzielen deutlich höhere Realrenditen von etwa 7-8 % bis zu 10 % für die größten Vermögen – ganz unabhängig von jeder Berufstätigkeit und jedem besonderen Talent oder Verdienst ihrer Besitzer. Kurzum: Geld will zu Geld.

Diese Tatsache bestätigt sich auch, wenn man sich Staatsfonds oder Stiftungsvermögen von Universitäten ansieht. Zwischen 1980 und 2010 haben nordamerikanische Universitäten mit Stiftungsvermögen unter 100 Millionen Dollar eine durchschnittliche Realrendite von «nur» 5,6 % jährlich erzielt (abzüglich Inflation und sämtlicher Verwaltungskosten, was schon nicht schlecht ist), gegenüber 6,5 % für die Vermögen zwischen 100 und 500 Millionen, 7,2 für die zwischen 500 Millionen und einer Milliarde, 8,3 % jenseits der Milliarde und annähernd 10 % für die drei Superstars Harvard, Princeton und Yale (deren Vermögen jeweils von ein paar Milliarden in den 1980er Jahren auf mehrere Dutzend Milliarden 2010 gestiegen sind, ganz wie die von Bill und Liliane).

Der Mechanismus ist schlicht, aber seine Tragweite ist beunruhigend. Eine Fortsetzung dieser Tendenzen wird auf massive Divergenzen in der Vermögensverteilung, also der Wirtschaftsmacht hinauslaufen. Das passende Werkzeug, um diese potentiell hochexplosive Dynamik zu regulieren, wäre eine globale progressive Vermögenssteuer, mit niedrigen Tarifen für kleine Vermögen, um werdende Unternehmer zu fördern, und höheren Tarifen für bedeutende Vermögen, die sich ganz von selbst reproduzieren. Bis dahin ist es offenbar noch ein weiter Weg.

FÜR EINE (SCHNELLE) NEUBESTIMMUNG
DES EUROPÄISCHEN PROJEKTS

22. November 2011

Sagen wir es ohne Umschweife: Das katastrophale Direktorat
Sarkozy-Merkel ist drauf und dran, das europäische Haus in
die Luft zu jagen. Zwei Jahre erleben wir nun schon, wie
beide uns Monat für Monat Dringlichkeitsgipfel und belast-
bare Lösungen versprechen – bevor sie ein paar Wochen
später von den Tatsachen einmal mehr widerlegt werden.
Am 27. Oktober war Sarkozy so weit, China und Brasilien zu
bitten, uns Geld zu leihen, um die Krise der Eurozone zu
überwinden... Dieser dramatische Hilferuf wird zweifellos
als Höhepunkt seiner von wirtschaftlicher Inkompetenz
und politischer Ohnmacht geprägten Amtszeit im Gedächtnis bleiben. Warum? Weil es jeder Vernunft spottet,
wenn die reichste Wirtschaftszone der Welt ärmere Länder
um Hilfe bittet...

Tatsächlich liegt das BIP der EU bei über 12 000 Milliarden Euro (9000 Milliarden in der Eurozone), gegenüber
4000 Milliarden in China und 1500 Milliarden in Brasilien.
Und vor allem besitzen die Haushalte der EU ein Gesamtvermögen von mehr als 50 000 Milliarden Euro (von denen
25 000 Milliarden auf finanzielle Vermögenswerte entfal-
len). Das ist das Zwanzigfache der chinesischen Rücklagen,
und das Fünffache sämtlicher Staatsschulden in Europa
(10 000 Milliarden). Unsere Mittel reichen völlig aus, um
die Probleme unserer öffentlichen Finanzen aus eigener

Kraft zu lösen – immer vorausgesetzt, Europa hört auf, sich zum politischen Zwerg zu machen und fängt an, der Steuerflucht entgegenzutreten.

Aber es kommt noch schlimmer. Europa ist heute weniger verschuldet als die Vereinigten Staaten, Großbritannien und Japan. Dennoch sind wir es, die eine Staatsschuldenkrise haben. So wird Frankreich in den kommenden Monaten Zinsen von fast 4 %, vielleicht 5 % oder 6 % und mehr zahlen, während die drei genannten Länder Geld für gerade einmal 2 % aufnehmen können. Warum? Weil wir die einzigen sind, die eine Zentralbank haben, die ihre Rolle als Kreditgeber letzter Instanz nicht erfüllen und die Märkte nicht beruhigen kann, da sie nicht an eine politische Hoheitsgewalt und eine Wirtschaftsregierung angegliedert ist. Wir haben geringere Schulden als die Briten und werden doch eine deutlich höhere Zinssumme zahlen müssen. Europa sollte dazu da sein, uns zu schützen, nicht dazu, unsere Haushaltsprobleme noch zu verschlimmern.

Was tun? Es bedarf dringend eines neuen Vertrags, der den Ländern, die dies wünschen (angefangen mit Frankreich und Deutschland), die Möglichkeit gibt, ihre Staatsschulden zu vergemeinschaften und im Gegenzug ihre Haushaltsentscheidungen einer starken und demokratisch legitimierten, föderalen politischen Instanz zu unterstellen. Welches Gremium die Rolle dieser politischen Instanz übernehmen soll, das ist die Kernfrage einer Debatte, die keinen Aufschub mehr duldet.

Sicher ist, dass man die intergouvernementale Logik und die hinter verschlossenen Türen getroffenen Absprachen unter Staatsoberhäuptern hinter sich lassen muss. Anders als man uns während der Debatte über den gescheiterten Europäischen Verfassungsvertrag glauben machen wollte, wird der von den Staats- und Regierungschefs gebildete Europäische Rat nie das Oberhaus Europas sein. Die Entscheidungsbefugnis über Haushaltsfragen an die Richter des Europäischen Gerichtshofs zu delegieren, wäre auch nicht sinnvoller. Diese Befugnis dem Europäischen Parlament einzuräumen, ist eine verlockende Lösung, da es sich um die einzige wirklich demokratische europäische Institution handelt). Sie krankt aber daran, dass seine 750 Abgeordneten bislang keinerlei wirkliche finanzielle Verantwortung getragen haben und überdies aus 27 Mitgliedsstaaten der EU, also nicht nur aus der Eurozone kommen.

Eine Lösung, die immer häufiger ins Gespräch gebracht wird, bestünde darin, eine neue Kammer zu schaffen, deren Abgeordnete den Finanz- und Sozialausschüssen der nationalen Parlamente entstammen. Die Europäische Schuldenagentur wäre der Autorität dieses «Europäischen Senats» unterstellt, der jedes Jahr die zulässigen Darlehenssummen festsetzen würde. Ein solcher Senat hätte den Vorteil, aus einem kleineren Kreis von Personen zu bestehen, die für ihre Beschlüsse in den betroffenen Ländern politisch Rede und Antwort stehen müssten.

Vielleicht ist dies die richtige Lösung. Falls dem so ist, muss man rasch einen ausgearbeiteten Entwurf vorlegen, der sich detailliert über die Zahl der Mitglieder, über ihre Ernennung, über das Wahlverfahren etc. aussprechen müsste. Es ist jedenfalls entscheidend, mit den Ländern, die dies wünschen, rasch eine Lösung zu finden, die zugleich die Möglichkeit eines sukzessiven Beitritt derjenigen Länder vorsieht, die sich diesem harten föderalen Kern anschließen und den Vorteil einer vergemeinschafteten europäischen Schuld wahrnehmen möchten.

Vor allem muss man sich die Vorstellung aus dem Kopf

schlagen, die Deutschen seien diejenigen, die sich gegen eine solche Lösung sperren. In Deutschland, das seinerseits erkennt, dass es zu klein ist, um den globalisierten Kapitalismus zu regulieren, sind in Wahrheit die Überlegungen zu einem zwingend erforderlichen Sprung in den Föderalismus weiter gediehen als in Frankreich. Die deutschen «Wirtschaftsweisen» (ein das Bundeskanzleramt beratendes Sachverständigengremium, das nicht als linkslastig bekannt ist) haben am 9. November vorgeschlagen, alle Staatsschulden, die oberhalb von 60 % des BIP liegen, zu vergemeinschaften, die deutschen Schulden natürlich eingeschlossen. Und die CDU war es, die sich am 14. November zum Prinzip eines direkt gewählten Präsidenten der Europäischen Kommission bekannt hat – und damit dem französischen Präsidenten eine lange Nase gezeigt hat. Alles weist darauf hin, dass es Sarkozy ist, der sich in den laufenden Verhandlungen weiterhin an eine intergouvernementale Lösung klammert und nicht bereit ist, auch nur ein Quäntchen seiner Macht abzutreten. Bleibt zu hoffen, dass er sich angesichts der ernsten Lage endlich dazu durchringt, die richtigen Entscheidungen zu treffen.

DER PROTEKTIONISMUS:
EINE NOTLÖSUNG

20. Dezember 2011

Weshalb glaubt die überwältigende Mehrheit der Ökonomen an den Freihandel? Weil sie in der Schule gelernt hat, es sei effizienter, in einem ersten Schritt größtmöglichen Wohlstand zu schaffen, indem man auf freie Wettbewerbsmärkte setzt und maximalen Nutzen aus ihren jeweiligen komparativen Vorteilen zieht. In einem zweiten Schritt gelte es dann, innerhalb der einzelnen Länder die Handelsgewinne mittels Steuern und möglichst transparenter Transfers gerecht zu verteilen. So wird es einem an den Wirtschaftsschulen beigebracht: Wirksame Umverteilung ist Umverteilung durch Steuern. Man muss Märkte und Preise ihre Arbeit tun lassen, indem man sie möglichst wenig verzerrt (der berühmte «freie, unverfälschte Wettbewerb»), bevor es in einem zweiten Schritt ans Umverteilen gehen mag.

Nicht alles an dieser schönen Geschichte ist falsch, keineswegs. Gleichwohl wirft sie eine schwerwiegende Frage auf. Der Güter- und Dienstleistungsverkehr ist in den letzten dreißig Jahren nicht zuletzt im Namen dieser Logik stark liberalisiert worden. Jener «zweite Schritt» aber, der einer stärkeren fiskalischen Umverteilung, lässt bis heute auf sich warten. Geschehen ist das Gegenteil. Das System der progressiven Steuern, das in den Jahrzehnten zuvor sorgsam aufgebaut worden war, wurde durch den Steuerwettbewerb gekappt. Die Reichsten, die von der Liberalisierung des Handels schon mehr als alle anderen profitiert hatten, wurden durch starke Steuersenkungen begünstigt. Für die Ärmsten blieben steigende Sozialabgaben und Verbrauchsteuern – und das in einem Kontext, in dem Löhne und Beschäftigung stagnierten. Weit davon entfernt, ihre Erträge gerecht zu verteilen, verstärkte die fiskalische Umverteilung vielmehr die Ungleichheitseffekte der Liberalisierung.

Das ist bedauerlich, werden manche sagen, aber was soll man tun? Wenn die Wählerpräferenzen zu einem Votum für geringere Umverteilung durch Steuern geführt haben, mag man das beklagen, aber man wird darum nicht gleich die Zollgrenzen wieder einführen und damit das ohnehin schwache Wachstum noch weiter schwächen wollen.

Gewiss. Aber genau besehen machen unbedingte Liberalisierung und Steuerdumping gemeinsame Sache. Man hat nicht allein die öffentliche Hand entwaffnet, ohne irgendetwas im Gegenzug zu erhalten, sondern mit dem Verbot von Importzöllen und Exportsubventionen die Staaten sogar ermuntert, auf andere Mittel zu sinnen, um ihre nationale Produktion anzukurbeln – namentlich Steuererleichterungen für ausländische Investitionen und hochqualifizierte Arbeit (natürlich alles im gesetzlichen Rahmen). Nicht zu reden davon, dass die Liberalisierung von Finanzdienstleistungen und Kapitalströmen ganz unmittelbar die Steuerflucht erleichtert hat – die von Unternehmen wie die von Personen. Mangels ausreichender Koordination zwischen den Ländern hat dies die Möglichkeit einer autonomen Fiskalpolitik der Staaten stark eingeschränkt.

Ein Beispiel unter anderen: Die 2005 in Kraft getretene Zinsrichtlinie sollte den automatischen Informationsaustausch zwischen den europäischen Steuerbehörden erleichtern, um jedes Land in Echtzeit über Einlagen seiner Bürger im Ausland und die entsprechenden Zinsen in Kenntnis zu setzen. Nur gilt diese Richtlinie immer noch nicht für Luxemburg oder die Schweiz. Letztere hat eigens Verhandlungen über eine Verlängerung der Sonderregelung geführt, die es ihr erlaubt, in aller Legalität die Identität der Inhaber von Konten bei Schweizer Banken geheimzuhalten. Zudem betrifft die Richtlinie nur Bankguthaben und Obligationen und lässt damit den Hauptteil der bedeutenden Geldanlagen im Ausland (insbesondere die Wertpapier- und Aktiendepots) unberücksichtigt.

In schöner Eintracht verbrachte G20-Gipfel und vollmundige Absichtserklärungen werden daran nichts ändern. Um die Steueroasen zum Einlenken zu zwingen und, allgemeiner gesprochen, Finanz-, Sozial- und Umweltregulierungen durchzusetzen, ohne die sich die Kontrolle über einen außer Rand und Band geratenen Kapitalismus nicht zurückgewinnen lässt, bleibt das Handelsrecht eine unverzichtbare Waffe. Wenn Europa mit einer Stimme spricht und aufhört, sich wie ein politischer Zwerg zu verhalten, dann wird man es sogar vermeiden können, die angedrohten Embargos und protektionistischen Maßnahmen in die Tat umzusetzen. Besser wäre es. Der Protektionismus ist – wie die Polizei – eine Abschreckungswaffe, die der Staat nicht aus der Hand geben sollte. Aber an sich ist er, obwohl gewisse «Globalisierungsgegner» das zu glauben scheinen, gewiss keine Quelle des Wohlstands. Sollte man aber beschließen, die europäische Konstruktion auszubauen, ohne wirklich einen Schritt in jene Richtung zu unternehmen, läuft man Gefahr, die gewalttätigsten Formen nationalistischer Abschottung heraufzubeschwören.

Teil 3

AN DIE URNEN, BÜRGER!

(2012–2015)

FRANZÖSISCH-DEUTSCHE DIVERGENZEN

14. Februar 2012

Die Zahlen für 2011 sind da. Das beunruhigende französische Außenhandelsdefizit ist auf 70 Milliarden Euro gestiegen (mehr als 3 % des BIP), während der gigantische deutsche Außenhandelsüberschuss bei 160 Milliarden Euro liegt (mehr als 6 % des deutschen BIP). Seit 1950 war das französische Defizit nicht mehr so hoch (der bisherige Rekord stammt von 1980–1982: 2 % des BIP). Und seit 1950 war der deutsche Überschuss nicht mehr so hoch (zur Erinnerung: der chinesische Überschuss macht 3 % des BIP aus).

Dabei hatten die beiden Länder noch 2002, als die Rechte in Frankreich die Regierungsgeschäfte wieder übernahm, einen vergleichbaren Handelsüberschuss (2 % des BIP). Von 1980–2010 sind die französischen und deutschen Handelsbilanzen im Durchschnitt völlig ausgeglichen. Heute erreicht die Arbeitslosenquote in Frankreich 10 % (gegenüber 6 % in Deutschland), das Haushaltsdefizit 5 % des BIP (1 % auf der anderen Seite des Rheins).

Die Rechte, die sich gern als guten Vermögensverwalter darstellt, ist in Frankreich seit 10 Jahren allein an der Regierung. Die Wahrheit ist, dass ihre Wirtschaftsbilanz katastrophal ausfällt. Der Produktionsapparat ist in beklagenswertem Zustand, Bildung und Innovation sind zugunsten lächerlicher Subventionen für Überstunden vernachlässigt worden. Wir sind Zeugen einer nie dagewesenen Verschwendung von Staatsgeldern geworden, mit irrwitzigen Steuergeschenken für die Förderer von Sarkozys UMP (*Union pour un Mouvement Populaire*). Die Vermögenssteuer wird dadurch bloß noch halb so viel Geld wie 2007 einbringen, während die Vermögen um 20 % gewachsen sind. All das mitten in einer Finanzkrise. Da die üblichen Entschuldigungen (Schuld ist die vorherige Regierung!) nicht mehr verfangen, stellt man eben Arbeitslose (noch ein Rekord: Fast fünf Millionen sind bei der *Agence nationale pour l'emploi*, der Arbeitsagentur, gemeldet) und Einwanderer an den Pranger. Und da wir mit Sarkozy einen erfindungsreichen Präsidenten haben, der seine Zeit damit verbringt, zig Millionen von Franzosen eine Lüge nach der anderen aufzutischen, gibt es nur eine Schlussfolgerung: Der Politikwechsel ist zur Frage der Volksgesundheit geworden.

Aber in dieser beunruhigenden Wirtschaftssituation sind auch Mut und Phantasie der Linken gefordert. Zunächst auf der Ebene der Europapolitik. Deutschland trägt seinen Teil der Verantwortung für diese große Divergenz zwischen den beiden Ländern. Durch massive Senkung seiner Inlandsnachfrage (der Lohnanteil ist in Deutschland seit 2002 um 5 % des BIP gesunken), hat es sich einer Strategie bedient, die sich ihrer Natur nach nicht auf die gesamte Europäische Union ausdehnen lässt. Mit jährlichen Handelsüberschüssen von 6 % des BIP könnte Deutschland innerhalb von 5 Jahren die Börsenkapitalisierung des CAC 40, des Leitindex der 40 umsatzstärksten französischen Aktiengesellschaften, oder auch alle Pariser Immobilien kaufen (ungefähr 800 Milliarden Euro für jedes Paket). Deutschland braucht keine so großen Reserven. Und die Währungsunion kann mit einem Ungleichgewicht dieser Art nicht richtig funktionieren. Frankreich wie Deutschland brauchen im Gegenteil ein starkes und einiges Europa, das in der Lage ist, die Kontrolle über einen außer Rand und Band geratenen globalen Finanzkapitalismus zurückzugewinnen. Dazu ist ein neuer Europäischer Vertrag nötig, der sich auf eine Wachstumsstrategie, eine gemeinsame öffentliche Schuld und eine Vereinigung der nationalen Parlamente derjenigen Länder gründet, die auf diesem Weg vorangehen wollen. Deutschland, das in seinen Überlegungen zur politischen Union weiter ist als wir, muss und kann diese Botschaft verstehen.

Auch Frankreich trägt seinen Teil der Verantwortung für dieses französisch-deutsche Auseinanderdriften. François Hollande gebührt das Verdienst, in diesem Wahlkampf deutlich auszusprechen, woher er die 30 Milliarden zusätzlicher Einnahmen nehmen will, mit denen er unsere öffentlichen Finanzen zu sanieren gedenkt. Aber sein Programm sieht bislang praktisch keine Strukturreformen vor. Die Finanzierung unseres sozialen Netzes, die zu sehr auf der Arbeit lastet, muss von Grund auf reformiert werden. Die Arbeitgeberbeiträge, mit denen die Bruttolöhne belastet sind, lassen sich nur zur Hälfte rechtfertigen (Rentenbeiträge und Arbeitslosenversicherung), der Rest (Krankheit, Familie, Bildung, Wohnungsbau) muss durch höheres Steueraufkommen finanziert werden. Die richtige Lösung ist eine wirklich progressive Allgemeine Sozialabgabe (*contribution sociale généralisée*), die zugleich gerechter und effizienter wäre als die Soziale Mehrwertsteuer. Unser Steuersystem ist überhaupt archaisch, komplex und für die Wirtschaftsakteure unvorhersehbar. Es muss dringend vereinfacht und modernisiert werden. Zum Beispiel sind wir das einzige Land, das nicht zur Quellensteuer übergegangen ist. Aber von François Hollandes Experte für Steuerfragen, Jérome Cahuzac, ist nur zu hören, eine solche Reform sei in einer fünfjährigen Amtszeit nicht zu machen, da brauche es mehr als eine Amtszeit – obwohl doch all unsere Nachbarn es binnen eines Jahres geschafft haben, und das zu Zeiten, als es noch keine elektronische Datenverarbeitung gab! All das ist der gegenwärtigen Lage nicht angemessen. Die Beispiele ließen sich vervielfältigen. Was die Altersversorgung angeht, muss das gesamte System von Grund auf erneuert werden, indem die zahllosen verschiedenen Regelungen vereinheitlicht werden, um die erforderliche Sicherheit für komplexe berufliche Werdegänge durch Einrichtung individueller Konten zu schaffen. Es sollte nicht bloß mangels besserer Alternativen zum Machtwechsel kommen.

FRANÇOIS HOLLANDE –
EIN NEUER ROOSEVELT FÜR EUROPA?

8. Mai 2012

Wird François Hollande so etwas wie ein Roosevelt für Europa werden? Man mag über den Vergleich lächeln, aber man darf nicht vergessen, dass Politiker unter dem Druck der Ereignisse – und der Ideen – häufig eine Rolle spielen, in der sie über sich hinauswachsen müssen. Als er 1933 Präsident wird, hat Roosevelt noch keine genaue Vorstellung von dem, was er politisch tun wird. Aber er weiß, dass die Krise von 1929 die Vereinigten Staaten in die Knie gezwungen hat und die öffentliche Hand die Kontrolle über einen außer Kontrolle geratenen Kapitalismus zurückgewinnen muss. Heute, 2012, vier Jahre nach dem Ausbruch der globalen Finanzkrise von 2008, befindet sich Hollande in genau derselben Situation. Als er seinen Wahlkampf begonnen hat, wusste er nicht, dass er schließlich Vermögen von mehr als einer Million mit 75 % besteuern würde. Aber er ist rasch zu demselben Schluss gelangt wie Roosevelt: dass man der unsinnigen Explosion der sehr hohen Gehälter nur mit fiskalischen Mitteln Einhalt gebieten kann.

Die prinzipielle Herausforderung, der sich Hollande nun stellen muss, heißt Europa. Das zentrale Problem ist, dass man die derzeitige Krise nicht dauerhaft hinter sich lassen kann, wenn man sich damit begnügt, ein paar *project bonds*, das heißt europäische Anleihen, auf den Markt zu bringen, um Investitionen in Energie und Infrastruktur finanzieren zu können. Ein solches Werkzeug ist nützlich, aber es darf nicht darüber hinwegtäuschen, dass die prinzipielle Herausforderung anderswo liegt. Solange man nicht entschlossen den Weg einer Vergemeinschaftung der europäischen Schulden beschreitet, wird sich die Krise wiederholen. Was nicht funktionieren kann, ist eine gemeinsame Währung mit 17 verschiedenen Staatsschulden, auf die die Märkte ungehindert spekulieren können, während die Staaten sich nicht mehr durch Abwertung ihres Geldes aus der Schlinge ziehen können. Ein solches System, das schon Griechenland in die Katastrophe gestürzt hat, wird am Ende auch den Untergang des Euro bedeuten.

Und es führt auch zu nichts, wenn man unablässig wiederholt, diese Frage aufzuwerfen sei müßig, da Deutschland sich jeder Vergemeinschaftung von Schulden entgegenstellen werde. Zunächst einmal ist es immer besser, genau anzugeben, welche Richtung man einzuschlagen gedenkt – und sei es auch nur, um sich zusammenzutun und dafür zu sorgen, dass dieses Ziel eines Tages erreicht wird. Dann und vor allem, weil Deutschland sehr viel weniger konservativ ist, als man in Frankreich zu behaupten pflegt. Die Wahrheit ist, dass sich zahlreiche europäische Verantwortliche, und beileibe nicht nur unter den Linken, vom neuen französischen Präsidenten einen entschlossenen Vorstoß in diese Richtung erwarten.

So hat etwa Guy Verhofstadt, Präsident der ALDE-Fraktion (Allianz der Liberalen und Demokraten für Europa) im Europäischen Parlament, jüngst erklärt, allein eine Vergemeinschaftung der europäischen Schulden könne eine dauerhafte Senkung der Zinssätze herbeiführen. Wenn die Federal Reserve sich jeden Morgen zwischen der Schuld von Wyoming und der von Texas entscheiden müsste, dann

würde es ihr auch schwerfallen, mit ruhiger Hand Geldpolitik zu betreiben. Solange die Europäische Zentralbank
sich in einer so absurden Lage befindet, wird sie ihre Rolle
im Dienst der Finanzstabilität nicht wirklich ausfüllen können. Und man wird fortfahren, eine undurchschaubare
Konstruktion nach der anderen zu erfinden, wie jene, die
darin bestand, den Privatbanken 1000 Milliarden Euro zu
leihen – in der Hoffnung, sie würden sie den Staaten leihen.
Oder auch dem IWF Geld zu leihen, auf dass er es wiederum eines Tages uns leihen werde ...

Eine Reihe von Vorschlägen liegt schon auf dem Tisch.
Die deutschen «Wirtschaftsweisen» (ein Sachverständigenrat, der das Bundeskanzleramt berät und der Linkslastigkeit
unverdächtig ist) haben im November vorgeschlagen, jede
Schuld oberhalb von 60 % sollte auf europäischem Niveau
vergemeinschaftet werden, die deutsche Schuld natürlich
eingeschlossen. Andere glauben, es sei besser, die Staatsschulden kurzfristig zusammenzulegen. Man muss jetzt ab-
wägen und sich dann auf den Weg machen.

Und vor allem muss man die richtigen Schlüsse im
Hinblick auf eine politische Union ziehen. Joschka Fischer,
ehemaliger deutscher Außenminister, hat den Vorschlag gemacht, eine neue Kammer zu bilden, die Abgeordnete aus
den Finanz- und Sozialausschüssen derjenigen Länder versammelt, die auf diesem Weg vorangehen möchten. Diese
Vereinigung nationaler Parlamente könnte federführend in
einer europäischen Schuldenagentur sein und im Zuge einer öffentlichen und demokratischen Entscheidungsfindung
die Kreditsummen festlegen. Eine solche Kammer hätte den
Vorzug, geschlossener auftreten zu können als das Europäische Parlament und aus Personen zu bestehen, die in der
Folge den betroffenen Ländern für ihre Entscheidungen

Rechenschaft schuldig sind. Auf diese Weise könnte man sich auf den Weg zu den Vereinigten Staaten von Europa machen, indem man sich, ganz im Sinne der europäischen Konstruktion, auf die nationale Souveränität stützt.

In all diesen Fragen hat Europa hohe Erwartungen an François Hollande. Alles fängt jetzt an.

DIE EINZIGE LÖSUNG:
DER FÖDERALISMUS

5. Juni 2012

Was wird bei den derzeitigen europäischen Verhandlungen herauskommen? Die Gefahr ist groß, dass Frankreich es sich leicht macht, indem es Deutschland die Schuld für ein mögliches Scheitern der Eurobonds gibt, nur um selbst gut dazustehen – obwohl in Wahrheit noch gar kein ausgereifter französischer Vorschlag auf dem Tisch ist.

Auf den ersten Blick scheinen die Dinge klar zu sein: Frankreich schlägt vor, die öffentlichen Schulden Europas zu vergemeinschaften, damit alle gemeinsam von niedrigen und vorhersehbaren Zinssätzen profitieren können und gegen die Spekulation gefeit sind. Es gibt keine andere Lösung, um die Probleme der Eurozone dauerhaft in den Griff zu bekommen. Sobald die Länder die Möglichkeit aus der Hand geben, ihr Geld im Alleingang abzuwerten, muss ihnen im Gegenzug Finanzstabilität im Rahmen der Währungsunion zugesichert werden. Andernfalls wird das System über kurz oder lang in sich zusammenbrechen.

Die Crux ist, dass Frankreich sich weigert, aus einem solchen Vorschlag die politischen Konsequenzen zu ziehen. Wenn man beschließt, eine gemeinsame Schuld zu schaffen, kann man nicht länger jedes Land auf eigene Faust darüber entscheiden lassen, welchen Anteil an dieser gemeinsamen Schuld es emittieren will. Eine Vergemeinschaftung der Schulden kann es nicht geben, wenn man sich nicht entschlossen auf die politische Union und den europäischen Föderalismus zubewegt.

In Wahrheit sind die Deutschen in dieser Frage weiter als wir, wie es der Vorschlag der CDU bezeugt, den Präsidenten der Europäischen Kommission direkt zu wählen. Der Präsident der Bundesbank hatte in einem jüngst gegebenen Interview leichtes Spiel, sich darüber zu mokieren, dass die Franzosen vermeintliche Vorschläge zu den Eurobonds machen, obwohl die Frage des europäischen Föderalismus und der Abtretung von Hoheitsrechten im Wahlkampf erst gar nicht auftauchte und von der französischen Führung bis heute nicht zur Kenntnis genommen wird.

Dabei gibt es dringenden Handlungsbedarf. Und es gibt Lösungen. Wenn Europa endlich demokratisch werden soll, müssen Entscheidungen über die gemeinsame Schuld in einem föderalen parlamentarischen Forum getroffen werden, im Zuge öffentlicher und kontrovers ausgetragener Debatten. In Hinterzimmern getroffene Absprachen unter Staatsoberhäuptern können eine demokratische Steuerung Europas auf Dauer nicht ersetzen. Das Europäische Parlament wird diese Rolle freilich kaum übernehmen können. Zum einen, weil in ihm Staaten vertreten sind, die nicht der Eurozone angehören. Zum anderen, weil die nationalen Parlamente nicht ihrer Entscheidungshoheit in Haushaltsfragen beraubt werden dürfen.

Eine konkrete Lösung könnte sein, eine neue Haushaltskammer der Eurozone zu schaffen, in der die Finanz- und Sozialausschüsse des Deutschen Bundestags, der französischen Nationalversammlung und derjenigen Länder vertreten sind, die auf einem solchen Weg vorangehen wollen. Ein Finanzminister der Eurozone an der Spitze eines europäischen Schatzamtes wäre gegenüber dieser Kammer verantwortlich – dies wäre die Keimzelle einer europäischen Bundesregierung.

Einer verbreiteten Vorstellung entgegen liegen solche Neuerungen durchaus in Reichweite. Diejenigen Länder, die dazu bereit sind, können einen Vertrag schließen, der entsprechende Regeln festlegt, und es den übrigen Ländern freistellen, sich ihnen anzuschließen. Die europäischen Länder haben sich in wenigen Monaten auf einen Vertrag geeinigt, der zur Lösung der Probleme der Eurozone nichts beiträgt. Weshalb sollte man nicht nach ein paar weiteren Monaten einen Zusatzvertrag abschließen können, der sich dieser Probleme endlich annimmt?

Indem sie den Präsidenten des Europäischen Rats den EU-Gipfel vom 28. Juni vorbereiten ließ, wollte die französische Regierung die gemeinsamen Institutionen ins Zentrum stellen. Das ist lobenswert. Aber wenn Frankreich nicht präzise angibt, wie weit es in Sachen Eurobonds und politischer Union zu gehen bereit ist, dann ist zu befürchten, dass bei den Verhandlungen dort nichts herauskommen wird.

Und das umso mehr, als weniger ehrgeizige, aber relativ präzise Vorschläge schon auf dem Tisch liegen. Der detaillierteste ist der im November von den deutschen «Wirtschaftsweisen» vorgeschlagene «Tilgungsfonds», der eine Vergemeinschaftung aller Schulden über 60 % des BIP vorsieht (Italien wäre dem Volumen nach zuerst betroffen, gefolgt von Deutschland, dann von Frankreich und Spanien). Der Fonds würde proportional zu den vergemeinschafteten Schulden aus zweckgebundenen Steuermitteln der einzelnen Länder alimentiert. Bei Fälligkeit dieser Schulden würden alle Staaten gemeinsam haften und Geld leihen, um es damit den einzelnen Ländern zu ersparen, allein an die Märkte zu gehen. Von Merkel zunächst abgelehnt, wurde dieser Plan in Deutschland von der SPD und den Grünen aufgegriffen, und er findet auch in der CDU immer mehr Befürworter.

Die Maßnahme, die streng befristet sein soll, hat ihre Grenzen. Die Schwelle von 60 % und der Spielraum des *roll over* könnten ein Land wie Italien dazu zwingen, schon nach ein paar Jahren wieder an die Märkte zu gehen. Und der Vorschlag klammert die Frage nach den politischen und näherhin föderalen Implikationen eines solchen Tilgungsfonds aus, was insofern problematisch ist, als die Entscheidungen des Fonds Konsequenzen für die nationalen Haushalte haben werden.

Immerhin hat dieser Vorschlag den Vorzug, dass er auf dem Tisch ist. Frankreich wäre gut beraten, seinen eigenen Plan vorzulegen. Europa spielt mit dem Feuer, wenn es die Entscheidung über die Eurobonds und den Schritt zur Föderation immer wieder aufschiebt.

WELCHER FÖDERALISMUS –
UND WOZU?

4. Juli 2012

Einmal mehr haben die europäischen Verantwortlichen, die sich letzten Freitag in Brüssel versammelt haben, alle wichtigen Entscheidungen vertagt und dadurch bloß etwas Zeit gewonnen. Die Aussicht auf eine europäische Bankenunion, die ein bedeutender Fortschritt wäre, bleibt leider denkbar vage, und die Frage nach den Eurobonds wurde erst gar nicht gestellt. Aus einem einfachen Grund: Es gibt bislang keinen präzisen französischen Vorschlag zu einer politischen und insbesondere haushaltspolitischen Union, die Voraussetzung für eine Einführung von Eurobonds wäre. Drei Jahre nach Ausbruch der Eurokrise will man uns weiterhin glauben machen, sie lasse sich überwinden, indem man Verlegenheitslösungen und Dringlichkeitsgipfel aneinanderreiht, mit ritualisierten nächtlichen Pressekonferenzen und Siegesgeschrei danach.

Bruno Amable hat in dieser Zeitung (*Libération* vom 18. Juni 2012) jüngst zu bedenken gegeben, der Sprung in ein föderales System könne sich leicht als «Todessprung» für die soziale Sicherung erweisen. Die europäischen Sozialsysteme sind, so Amables präzise und beängstigende Argumentation, zerbrechliche Systeme. Sie sind Produkt spezifischer Kompromisse und Solidaritäten, die sich über lange Zeiträume im Rahmen von Nationalstaaten herausgebildet haben. In einem großen Bundesstaat, in dem ethnische oder nationale Konflikte häufig die Oberhand über Klassenkonflikte gewinnen, droht all das verloren zu gehen. So haben etwa, um das zu konkretisieren, die Vereinigten Staaten ihren Vorsorgestaat nicht ausgebaut, weil sie nicht für die Schwarzen zahlen wollten, und die Vereinigten Staaten von Europa würden Gefahr laufen, ihren eigenen zu zerschlagen, weil sie nicht für die Griechen zahlen wollen.

Der Schwachpunkt dieser Überlegungen scheint mir darin zu liegen, dass uns nichts zwingt, im Rahmen des europäischen Föderalismus alles zu uniformieren und zu vergemeinschaften. Die Regel ist einfach: Wir müssen alles vergemeinschaften, was uns alleine nicht gelingen kann. Nicht mehr, nicht weniger. So wäre es vollkommen unnötig und kontraproduktiv, die Rentensysteme verschiedener Länder zusammenzulegen. Wir haben es schon auf französischer Ebene schwer genug, die Regeln zu modifizieren und die verschiedenen Ordnungen für einzelne Berufsgruppen einander anzunähern, das Recht auf Altersversorgung mit dem auf Fortbildung in Einklang zu bringen, etc. Es besteht wenig Aussicht darauf, dass sich das Problem durch Verschiebung auf eine höhere Ebene vereinfachen ließe und die Debatte darüber besonnener würde. Dasselbe gilt für die Fusion von Einkommensteuer und Allgemeiner Sozialabgabe (*contribution sociale généralisée*) oder die 4-Tage-Woche in der Schule. Im Großen und Ganzen müssen diese Kompetenzen auf nationaler Ebene verbleiben.

Andererseits gibt es Bereiche wie die Regulierung der Finanzmärkte und der Steueroasen, in denen einzelne Länder nicht viel ausrichten können und Europa eindeutig die geeignete Interventionsebene ist. Im Ganzen der Weltwirtschaft haben Frankreich und Deutschland kaum größeres Gewicht als Griechenland oder Irland. Wenn wir uns weiterhin auseinander dividieren, liefern wir uns den Spekulanten und Betrügern aus. Es gibt bessere Wege, unser europäisches Sozialmodell zu verteidigen.

Darum ist die Vergemeinschaftung der Staatsschulden der Eurozone, durch die wir die Märkte daran hindern können, uns ihre undurchschaubaren Zinssätze aufzuzwingen, ebenso dringlich wie die Vergemeinschaftung der Körperschaftsteuer, die heute von multinationalen Unternehmen massiv umgangen wird. Diese beiden Werkzeuge, und nur diese beiden, sind es, die es zu vergemeinschaften und der Kontrolle einer föderalen politischen Instanz zu unterstellen gilt.

Das heißt konkret, dass man ein Haushaltsparlament der Eurozone schaffen müsste, in das Abgeordnete aus den Finanz- und Sozialausschüssen der nationalen Parlamente entsandt würden. Ein solches Parlament könnte seine Beschlüsse im Zuge öffentlicher und demokratischer Debatten durch Mehrheitsentscheidung fassen und auf Vorschlag eines europäischen Finanzministers, der ihm verantwortlich wäre, die Höhe der öffentlichen Schulden festlegen, die das europäische Schatzamt pro Jahr emittieren darf. In seiner Entscheidung über die Höhe der allgemeinen Abgaben und Ausgaben sowie deren Verteilung bliebe in der Folge jedes nationale Parlament völlig frei. Wenn man zum Beispiel entscheidet, dass das europäische Defizit 3 % des BIP beträgt, dann würde das ein Land nicht daran hindern, Ausgaben in Höhe von 50 % und Abgaben von 47 % zu haben, während es in einem anderen 40 % und 37 % sein mögen. Ein solches System würde einen neuen Vertrag zwischen den beteiligten Ländern voraussetzen. Aber ein solcher Vertrag liegt durchaus in greifbarer Nähe, sofern nur der politische Wille da ist, insbesondere auf französischer Seite. Hoffen wir, dass die Debatte über den europäischen Föderalismus in den kommenden Monaten endlich in Gang kommt.

JETZT HANDELN!

25. September 2012

Hat die Amtszeit Hollandes so schlecht angefangen, wie man sagt? Ja, leider. Gewiss beginnt sie unter schwierigen Umständen. Und so weit, dass der neue Präsident uns dem alten nachtrauern ließe, ist es noch nicht. Aber es machen sich doch in allen Belangen ein Attentismus und eine Unentschlossenheit bemerkbar, die beunruhigend sind, zumal zu Beginn einer Amtszeit.

Auf europäischer Ebene wartet man vergeblich auf einen konkreten Vorschlag Frankreichs, der uns auf dem Weg zu jener politischen, insbesondere haushaltspolitischen Union und jener Vergemeinschaftung der Schulden voranbringt, ohne die es eine nachhaltige Überwindung der Krise nicht geben kann. Resultat: Wir sind auf einen harten Sparkurs zurückgeworfen, der einer Wiederherstellung unserer Glaubwürdigkeit dienen soll, obwohl alle Welt weiß, dass eine solche Politik unweigerlich die Rezession verstärkt und die Schulden in die Höhe treibt. Man verschwendet wertvolle Zeit mit der Ratifizierung eines Vertrags, von dem man genau weiß, dass er keines der strukturellen Probleme der Eurozone lösen wird. Und das Beste ist, dass man es Angela Merkel überlässt, Vorschläge zur politischen Union zu machen, die zwar den Vorzug haben, dass es sie überhaupt gibt (Direktwahl eines EU-Präsidenten), aber weit davon entfernt sind, ins Zentrum der Probleme vorzustoßen. Vordringlich ist vielmehr, ein demokratisches Parlament auf

EU-Ebene zu schaffen, natürlich ausgehend von den nationalen Parlamenten. Und während die Zeit vergeht, hört der Rest der Welt nicht auf, sich weiterzubewegen, in die Zukunft zu investieren und Europa hinter sich zu lassen.

Im eigenen Land werden alle grundlegenden Reformen vertagt. Die Steuerreform, in Hollandes Wahlkampf noch Mutter aller Schlachten, wird sich in ein paar Basteleien erschöpfen, während wir eine Grunderneuerung bräuchten, die durchaus in greifbarer Nähe liegt. Frankreich ist lange schon das einzige Land, das nicht die Quellensteuer eingeführt hat – aber wen kümmert's, dann bleibt es eben weitere fünf Jahre dabei. Frankreich glänzt schon mit einer Anhäufung mehrerer direkter Steuern mit löchriger Bemessungsgrundlage, die sich mit unterschiedlichen Regeln überlagern. Aber das verschlägt nichts, schaffen wir also eine dritte Besteuerungsstufe von 75 % mit einer dritten Bemessungsgrundlage, die sich von der der Einkommensteuer wie der Allgemeinen Sozialabgabe unterscheidet und noch löchriger als die beiden ersten ist. Eines ist sicher: Im Reich der monströsen Konstrukte sind die Steuerberater die Könige.

Was die Arbeitskosten und die Wettbewerbsfähigkeit anbelangt, hat Präsident Hollande zwar erklärt, die Arbeitgeberbeiträge dürften nicht weiterhin allein auf den Löhnen lasten, also werde er einen Bericht in Auftrag geben. Sehr gute Idee! So gut, dass Lionel Jospin sie 1997 auch schon hatte. Und er hatte seinerseits einen Bericht in Auftrag gegeben, der es ihm erlaubte, ein Jahr später zu erklären, die Frage sei überaus komplex und es sei dringend geboten, gar nichts zu tun. Hoffen wir, dass es diesmal besser ausgeht.

Das tun wir umso mehr, als die Frage zentral ist. Gegenwärtig liegt der Arbeitgeberbeitrag in Frankreich bei ungefähr 40 %. Um 100 Euro Bruttolohn zu bezahlen, muss der Arbeitgeber insgesamt 140 Euro aufwenden, und der Arbeitnehmer bekommt 80 Euro Nettolohn auf die Hand. Das ist viel zu viel. Von diesen 40 % ist allenfalls die Hälfte gerechtfertigt (Beiträge zur Renten- und Arbeitslosenversicherung), alles andere (Krankheit, Familie, Bildung, Wohungsbau ...) müsste auf einer breiteren Bemessungsgrundlage beruhen. Ansätze dazu gab es schon, da der Beitragssatz auf der Ebene des Mindestlohns nur die Hälfte beträgt. Aber er steigt oberhalb des Mindestlohns sprunghaft an und erreicht sein Niveau von 40 % ab dem 1,6-fachen des Mindestlohns. Die scheidende Regierung hat, indem sie den reduzierten Beitragssatz teilweise bis zum 2,1-fachen des Mindestlohns ausgeweitet hatte, einen Schritt in die richtige Richtung getan, und die neue Regierung wäre gut beraten gewesen, diese Senkung beizubehalten, freilich mit einer anderen Finanzierung. Das Ziel muss es sein, die Arbeitgeberbeiträge auf sämtliche Löhne auf 20 % zu reduzieren.

Wie sich das finanzieren lässt? Das Problem ist, dass die Soziale Mehrwertsteuer das niemals zu leisten vermag. Die notwendige Erhöhung wäre enorm und würde direkt die Kaufkraft treffen. Die von der Regierung ins Auge gefasste *TVA eco-modulable*, eine Mehrwertsteuer, die abhängig von der Umweltverträglichkeit der Produkte variiert, ist dazu noch weniger in der Lage. Auf diese Weise ließen sich vielleicht ein oder zwei Prozentpunkte der Abgabe übertragen, mehr nicht. Das geeignete Werkzeug ist die Allgemeine Sozialabgabe (*cotisation sociale généralisée*), da ihre Bemessungsgrundlage sehr viel breiter ist als die der Mehrwertsteuer, und da sie allein es erlaubt, die Belastung auf gerechte und transparente Weise auf alle Einkommen zu verteilen. Unter der Bedingung freilich, dass man endlich eine wirklich progressive Allgemeine Sozialabgabe einführt, das heißt mit einem nach Einkommenshöhe variablen Tarif. Andernfalls wird der Transfer der Arbeitgeberbeiträge schwer auf den Renten und den geringen Einkommen lasten – und damit undurchführbar werden. Allein eine umfassende Steuerreform wird diese Widersprüche ausräumen können. Nichts weist auf dem gegenwärtigen Stand darauf hin, dass die Regierung den Mut und den Willen zu einer solchen Reform hat – aber zu hoffen ist nicht verboten.

MERKOLLANDE UND DIE EUROZONE –
EIN KURZSICHTIGER EGOISMUS

18. Dezember 2012

Weshalb arbeiten Frankreich und Deutschland nicht ent-schlossen auf eine politische Einigung und eine Haus-haltsunion der Eurozone hin? Aus einem einfachen Grund: Beide Länder profitieren derzeit von einem extrem niedri-gen Zinssatz (weniger als 1 %) und weisen jede Verant-wortung dafür, dass Länder wie Italien und Spanien Zinsen von über 5 % zahlen und immer tiefer in die Krise rutschen, ganz entschieden zurück. Ein kurzsichtiger Egoismus. Die Rezession, die in der Eurozone um sich greift, werden wir alle zu spüren bekommen. Nicht zu reden davon, dass nie-mand die gewaltsamen politischen Reaktionen absehen kann, die durch all das in Südeuropa oder anderswo am Ende heraufbeschworen werden.

Im besten Fall wird Europa Jahrzehnte damit vertan ha-ben, sich zu streiten und nicht in die Zukunft zu investie-ren – während wir doch das beste Sozialmodell und die bes-ten Universitäten der Welt haben sollten, um den Kampf um Intelligenz und nachhaltige Entwicklung im 21. Jahrhundert zu gewinnen.

Schwer zu sagen, wen die Hauptschuld an diesem Spiel der nationalen Egoismen trifft. Deutschland häuft seine viel zu hohen Handelsüberschüsse an – eine Strategie, die per definitionem nicht funktionieren kann, wenn alle ihr folgen. Aber Frankreich hat, ganz abgesehen davon, dass es sich als unfähig zur Reformierung und Modernisierung seines Wirtschafts-, Steuer- und Sozialsystems erweist, in Wahrheit keinerlei tragfähigen Vorschlag zur Vergemeinschaftung der europäischen Staatsschulden gemacht.

Der einzige konkrete Vorschlag bleibt der des Tilgungsfonds, den vor einem Jahr der das Kanzleramt beratende Sachverständigenrat der «Wirtschaftsweisen» vorgelegt hat. Die ihm zugrunde liegende Idee ist, alle Schulden zusammenzulegen, die mehr als 60 % des BIP überschreiten. Der Vorschlag ist weit davon entfernt, vollkommen zu sein. Was ihm fehlt, ist insbesondere jede Ausarbeitung seiner politischen Implikationen: Nach Einrichtung des Fonds müssten das jährliche Defizit und der Rhythmus des Schuldenabbaus im Zuge eines öffentlichen und demokratischen Entscheidungsprozesses von einem Hauhaltsparlament der Eurozone festgesetzt werden – das genaue Gegenteil der Gipfeltreffen von Staatschefs und Ministern, die heute als Ersatz für eine demokratische Lenkung Europas herhalten müssen. Immerhin hat der Vorschlag den Vorzug, dass er vorliegt – während Frankreich es nicht einmal für nötig befunden hat, auf ihn einzugehen und eine eigene Version zu formulieren.

Was tun? Zunächst einmal mehr darauf hinweisen, dass eine Gemeinschaftswährung mit 17 verschiedenen Staatsschulden nicht funktionieren kann. Der Verlust der Währungshoheit muss durch vergemeinschaftete Schulden mit einem niedrigen und vorhersehbaren Zinssatz ausgeglichen werden. Man muss sich klarmachen, dass bei Staatsschulden in Höhe von 100 % des BIP die Wellen der Spekulation auf die Zinssätze massive und verheerende Auswirkungen auf die Staatsfinanzen haben. Italien hat derzeit einen Primärüberschuss von 2,5 % des BIP (die Steuern liegen um 2,5 % des BIP über den Staatsausgaben), und allein die Schuldzinsen stürzen das Land ins Defizit und die Schuldenspirale. Zum Vergleich: Das Gesamtbudget aller Universitäten und höheren Bildungseinrichtungen Frankreichs und Italiens beläuft sich auf etwa 0,5 % des BIP.

Wie immer die Misswirtschaft, und die hat es gegeben, auch ausgesehen haben mag – es hat keinen Sinn, Italien, Spanien und Griechenland solche Kosten aufzubürden und sie der Möglichkeit zu berauben, in die Zukunft zu investieren. Niemand kann mit einer solchen Ungewissheit im Hinterkopf sein Land reformieren.

Die politische und fiskalische Vereinigung der Eurozone ist zugleich die einzige Weise, auf die sich die Anstrengungen angemessen verteilen lassen. Eine der Wirkungen der Krise war das große Comeback der Vermögenssteuer. Kein Wunder: In Europa hat das private Vermögen heute ein Niveau erreicht, wie die Welt es seit der Belle Époque nicht mehr erlebt hat, während die Einkommen stagnieren. In Spanien wurde die von Zapatero 2008 abgeschaffte Vermögenssteuer 2011 wieder eingeführt. In Deutschland plädiert die SPD für eine allgemeine Vermögenssteuer. In Italien verdankt sich der Löwenanteil der neuen Steuereinnahmen unter der Regierung Monti der stärkeren Besteuerung von Immobilien- und Finanzvermögen. Selbst der IWF, dessen Steuerlehre sich im Allgemeinen darin erschöpft, für eine Erhöhung der Mehrwertsteuer einzutreten, hat Beifall gespendet.

Das Problem ist, dass ohne europäische Kooperation und namentlich ohne automatischen Austausch von Informationen über finanzielle Vermögenswerte der Bürger im Ausland diese Art von Reformen nicht erfolgreich durchgeführt werden kann. Das hat etwa Italien dazu genötigt, eine

Steuer von 0,5 % auf Immobilien (die sich nicht ins Ausland verschieben lassen), aber von nur 0,1 % auf Finanzaktiva einzuführen, obwohl letztere den Löwenanteil der größten Vermögen ausmachen.

Einerseits fordern die Geldgeber Griechenland auf, seine vermögendsten Bürger zur Kasse zu bitten, aber andererseits weigert man sich, die Fiskalunion zu schaffen, ohne die sich dieses Ziel nicht verwirklichen lässt, und nötigt statt dessen Südeuropa zum Ausverkauf öffentlichen Eigentums zu Ramschpreisen.

ITALIENISCHE WAHLEN:
DIE VERANTWORTUNG EUROPAS

26. Februar 2013

Von Frankreich aus betrachtet sind das unglaubliche Come-back Berlusconis im italienischen Wahlkampf wie das hohe Wahlergebnis der Populisten überhaupt und die politische Instabilität, die für die kommenden Jahre zu erwarten ist, nicht leicht zu verstehen. Manches daran ist gewiss ein irreduzibel Berlusconi-italienisches Spezifikum.

Alles daran irgendeiner transalpinen Exotik zuzuschreiben, die mit unseren eigenen Realitäten und unserer Verantwortung nichts zu tun hat, wäre freilich zu einfach. Das französische Wahlverhalten kennt seine eigenen Tropismen, angefangen mit dem Votum für Le Pen, ob für Vater oder Tochter, das bei ausländischen Beobachtern anhaltende Verwunderung auslöst.

Die Begeisterung für den italienischen Komiker Beppe Grillo, der zugleich die Einführung eines Mindestlohns und ein Referendum über den Austritt aus dem Euro versprochen und damit zahlreiche Linkswähler angezogen hat, unterstützt von Intellektuellen und Schriftstellern wie Dario Fo, ruft auch eine französische Episode in Erinnerung. Coluche hatte Ende 1980 und Anfang 1981, unterstützt von Pierre Bourdieu und Gilles Deleuze, in den Umfragen mehr als 15 % erreicht, bevor er seine Präsidentschaftskandidatur zurückzog. Wer wollte sicher sein, dass sich das nicht wiederholt?

Wenn die italienische Wahl uns etwas angeht, dann vor allem deshalb, weil sich das Misstrauen gegenüber Europa bei jenen Italienern, die bis vor kurzem europäischer als alle anderen dachten, zum Teil unserem Egoismus und unserer Unentschlossenheit verdankt.

Die Europäische Union und namentlich die politische Führung seiner beiden größten wirtschaftlichen und politischen Mächte, Deutschland und Frankreich, sind in hohem Maße verantwortlich für die katastrophale Lage, in der sich die Eurozone heute befindet und die das Klima in den südeuropäischen Ländern immer stärker belastet. Der Funke kann jederzeit auf Griechenland oder Spanien überspringen, wo 2014 ein hochriskantes Votum über die Unabhängigkeit Kataloniens geplant ist.

Es wird oft behauptet, die BZE, unsere einzige starke föderale Institution, habe die Finanzmärkte davon überzeugen können, dass sie dem Euro jederzeit zu Hilfe eilen werde, und habe damit die Überwindung der Krise möglich gemacht. In Wahrheit kann eine Zentralbank allein den Fortbestand einer Währungsunion nicht garantieren. Der beste Beweis dafür ist, dass Italien und Spanien weiterhin sehr viel höhere Zinsen zahlen als Deutschland und Frankreich.

2012 hat Italien seine Ausgaben stark gesenkt und die Steuern erhöht, insbesondere durch eine neue Steuer auf Immobilienvermögen (und eine auf finanzielle Vermögenswerte, die aber mangels angemessener europäischer Kooperation achtmal geringer ausfiel), und dadurch einen Primärüberschuss verzeichnet: Die Steuern überstiegen die Ausgaben um 2,5 % des BIP. Das Problem ist nur, dass diese Politik das Land in eine Rezession gestürzt hat, ohne es aus der Schuldenspirale zu befreien. Die Zinsen, die es auf seine

Staatsschulden zahlt, liegen über 5 % des BIP, wodurch das Sekundärdefizit, das allein für die Schuldentwicklung ausschlaggebend ist, um 2,5 % über dem BIP liegt. Die von der Bevölkerung mitgetragenen Anstrengungen scheinen vergeblich.

Vom übrigen Europa wird Monti gelobt, aber für die Italiener scheint das alles absurd. Dass Berlusconi eine Rückzahlung der neuen Steuer und Beppe Grillo den Austritt aus dem Euro vorschlägt, ist kein großes Wunder.

In Wahrheit ist die Situation nicht neu für Italien, das regelmäßig an der Spitze der hohen Primärüberschüsse steht, um es dann mit der Last der Zinsen zu tun zu bekommen, die für frühere Defizite anfallen. Während des gesamten Zeitraums von 1970–2010 ist Italien das einzige unter den G8-Ländern mit einem fast ausgeglichenen Primärhaushalt (die Ausgaben haben durchschnittlich die Einnahmen kaum überschritten). Es ist auch das Land, dessen Schuld am stärksten gestiegen ist, weil die Zinsen auf die Schuld durchschnittlich bei über 6 % des BIP lagen (gegenüber 2-3 % überall sonst). Neu ist aber, dass Italien nicht wie früher sein Geld abwerten kann, um sich aus Engpässen zu befreien und die Maschine wieder anzuwerfen. Mit der Einführung des Euro haben die Länder auf ihre Währungshoheit verzichtet. Der Ausgleich dafür sollten vergemeinschaftete öffentliche Schulden sein, durch die alle in den Genuss niedriger und vorhersehbarer Zinsen kämen. Voraussetzung dafür wäre selbstverständlich eine gemeinsame, transparente und demokratische Abstimmung über das Defizit, die es ihrerseits erfordern würde, Mitglieder aus den Finanzausschüssen der nationalen Parlamente in ein wirkliches Haushaltsparlament der Eurozone zu entsenden. Wenn Deutschland und Frankreich nicht endlich ihren

Egoismus ablegen, um eine solche Lösung voranzutreiben, ist die Gefahr groß, dass sie neue politische Beben heraufbeschwören, die noch schwerer ausfallen könnten als das des italienischen Votums.

FÜR EINE EUROPÄISCHE
VERMÖGENSSTEUER

26. März 2013

Die Zypernkrise wirft ein Licht auf einen der bedenklichsten Widersprüche, mit denen uns die Finanzglobalisierung konfrontiert. Worum geht es? Zypern ist eine Insel mit einer Million Einwohnern, die 2004 der Europäischen Union und 2008 der Eurozone beigetreten ist. Sein Bankensektor ist aufgebläht, mit Bilanzen, die um das Achtfache über dem jährlichen BIP liegen, und Einlagen, die sich auf das Vierfache des BIP belaufen. Es handelt sich sowohl um zypriotische als auch um ausländische, namentlich russische Einlagen – angezogen von den niedrigen Steuern und von lokalen Behörden, die gerne ein Auge zudrücken.

Wie zu hören ist, sind unter diesen russischen Einlagen auch enorme Einzelsummen. Man muss sich also russische Oligarchen denken, deren Vermögen sich auf hohe zweistellige Millionenbeträge beläuft. Das trifft sicher zu, aber weder die europäischen Behörden noch der IWF haben irgendeine Statistik, irgendeine noch so grobe Schätzung vorgelegt – was zweifellos auch daran liegt, dass diese Institutionen darüber ihrerseits kaum etwas wissen, weil sie es versäumt haben, die rechtlichen Voraussetzungen für eine Klärung dieser so zentralen Frage zu schaffen. Zu einer friedlichen und rationalen Lösung des Konflikts trägt eine solche Undurchsichtigkeit nicht bei.

Das Problem besteht darin, dass die zypriotischen Banken jenes Geld gar nicht mehr haben, weil es in unterdessen entwertete griechische Staatsanleihen und in teils faule Immobilienanlagen geflossen ist. Verständlicherweise zögern die europäischen Autoritäten, ohne Gegenleistung Mittel für eine Bankenrettung aufzuwenden, die letztlich auf Finanzhilfe für russische Millionäre hinausläuft.

Nach monatelanger Abwägung sind die Mitglieder der mittlerweile berühmten «Troika» (Europäische Kommission, EZB, IWF) auf die desaströse Idee verfallen, sämtliche Bankeinlagen mit einem fast identischen Satz zu belasten: 6,75 % für Einlagen bis 100 000 Euro, für alle darüber 9,9 %. Die leichte Progressivität kann niemand darüber hinwegtäuschen, dass es hier offenbar um eine Abgabe geht, die für zypriotische Kleinsparer und russische Oligarchen ein und denselben Tarif vorsieht.

Nachdem sich heftiger Widerstand regt, spricht man jetzt davon, Einlagen unter 100 000 Euro freizustellen und die höheren stärker zu belasten. Aber all das bleibt ganz im Ungefähren (anscheinend will man Bank für Bank vorgehen). Und vor allem ist der Schaden bereits angerichtet: Kleine europäische Einleger wissen nicht mehr, ob sie ihren Regierungen über den Weg trauen können.

Die offizielle Auskunft lautet, diese «flat tax» sei auf ausdrücklichen Wunsch des zypriotischen Präsidenten beschlossen worden, der die kleinen Einleger massiv besteuern wolle, um die großen nicht in die Flucht zu schlagen. Das trifft zum Teil zweifellos zu. Genaueres wird man nie in Erfahrung bringen: Alle Verhandlungen fanden hinter verschlossenen Türen statt. Die Zypernkrise veranschaulicht die dramatische Situation, in die kleine Länder durch die Globalisierung geraten sind. Um ihre Haut zu retten und ihre Nische zu finden, sind sie manchmal bereit, sich in einen erbitterten Steuerwettbewerb zu stürzen, um Kapital zwielichtiger Herkunft anzulocken.

Aber die Entschuldigung verfängt nur halb. Die «flat tax» wurde von der Euro-Gruppe einstimmig beschlossen. Es wäre an der Zeit, dass die europäischen Regierungen lernen, öffentlich Verantwortung für ihre Entscheidungen zu übernehmen. Diese Krise beweist, wie notwendig es ist, ein wirkliches Haushaltsparlament der Eurozone zu schaffen, damit diese Fragen endlich demokratisch verhandelt und entschieden werden können, in aller Öffentlichkeit.

Was diese Krise auch und vor allem veranschaulicht, ist die Unfähigkeit der großen Länder, die Werkzeuge zu schaffen, ohne die sich Finanzkrisen nicht wirksam regulieren lassen, und Belastungen und Verluste auf eine gerechte, für alle akzeptable Weise zu verteilen. Das Problem der zypriotischen Sonderabgabe ist die schmale Bemessungsgrundlage – es genügt offenbar, seine Einlagen auf Wertpapierdepots oder andere nicht besteuerte Vermögenswerte zu verschieben, um sie zu umgehen – und der empörende, historisch einzigartige Mangel an Progressivität.

Zum Vergleich: der Vermögenssteuersatz beträgt 2013 0 % bei Vermögen bis zu 1,3 Millionen Euro, 0,7 % bei bis zu 2,6 Millionen, und steigt auf 1,5 % bei über 10 Millionen. Auch historisch lassen sich zahlreiche Beispiele für eine befristete und progressive Kapitalsteuer finden. Die 1945 eingeführte nationale Solidaritätssteuer besteht aus einer doppelten Sonderabgabe, zum einen auf den aktuellen Wert der Vermögen (mit Sätzen von 0-20 % für die größten Vermögen), zum anderen auf Bereicherungen zwischen 1940–1945 (mit Sätzen bis zu 100 % für die größten Bereicherungen).

Um Steuern dieses Typs zu erheben, braucht es natürlich Vermögensangaben, die alle Aktiva der betreffenden Person bei verschiedenen Banken erfassen. Die modernen Kommunikationsmittel erleichtern diese Aufgabe. Mithilfe des automatischen Informationsaustauschs zwischen den Ländern könnte man sogar vorausgefüllte Erklärungen erstellen. Genau dieses Desiderat einer internationalen Vermögenssteuer ist es aber, was von der Troika, insbesondere dem IWF aus schierem Konservativismus und ideologischen Gründen abgelehnt wird. Daher die Idee einer «flat tax», die auf der Ebene jeder einzelnen Bank erhoben werden kann, aber zutiefst ungerecht und wirkungslos ist. Die Zypernkrise hat zumindest das Verdienst, eine Debatte darüber zu eröffnen.

DIE KRISE ÜBERWINDEN –
IN EINEM ANDEREN EUROPA

18. Juni 2013

Fünf Jahre nach dem Ausbruch der Finanzkrise hat das Wachstum in den Vereinigten Staaten wieder angezogen. Auch Japan ist im Begriff, sich zu erholen. Nur in Europa halten Stagnation und Vertrauensverlust weiterhin an: Die Wirtschaftstätigkeit auf unserem Kontinent hat ihr Niveau von 2007 bislang nicht wieder erreicht. Unsere Schuldenkrise scheint unüberwindlich, obwohl unser Staatsschuldenstand niedriger ist als im Rest der reichen Welt.

Das ist nicht das einzige Paradox. Unser Sozialmodell ist das Beste der Welt, und wir haben allen Grund, es zu verteidigen, auszubauen und zu fördern. Das Gesamtvermögen (Immobilien- und Finanzwerte abzüglich Schulden) der Europäer ist das höchste der Welt, weit vor den Vereinigten Staaten und Japan, sehr weit vor China. Einem hartnäckigen Gerücht entgegen besitzen Europäer im Rest der Welt deutlich mehr als der Rest der Welt in Europa.

Woran liegt es also, dass unser Kontinent trotz all seiner sozialen, ökonomischen und finanziellen Trümpfe die Krise nicht zu überwinden vermag? Daran, dass wir nicht aufhören, uns über Nichtigkeiten zu zerstreiten, und offenbar Gefallen daran finden, ein politischer Zwerg zu bleiben und ein Steuerwesen wie ein Sieb zu haben. Wir werden von Ländern, unter denen ein erbitterter Steuerwettbewerb entbrannt ist (Frankreich und Deutschland werden im Ganzen der Weltwirtschaft schon bald Winzlinge sein), und von völlig ungeeigneten und disfunktionalen gemeinsamen Institutionen regiert.

Nach dem Mauerfall und der deutschen Wiedervereinigung hatten die europäischen Verantwortlichen sich binnen weniger Monate auf die Einführung einer Gemeinschaftswährung geeinigt. Fünf Jahre nach Entfesselung der schwersten ökonomischen Krise seit den 1930er Jahren warten wir weiter vergeblich auf einen vergleichbaren Mut. Dabei ist es völlig klar, welcher Herausforderung sich Europa stellen muss. Eine Gemeinschaftswährung mit 17 verschiedenen Staatsschulden und 27 Fiskalpolitiken, denen es vor allem anderen darum zu tun ist, dem Nachbarn die Steuerquellen abzugraben – wie soll das funktionieren? Um aber die öffentlichen Schulden zusammenzulegen und eine Haushalts- und Fiskalunion ins Leben zu rufen, muss die politische Architektur Europas von Grund auf revidiert werden.

Das Schlüsselproblem ist der aus den Staats- und Regierungschefs gebildete Europäische Rat mit seinen Abkömmlingen auf Ministerebene (Finanzministertreffen, Euro-Gruppe etc.). Man tut so, als glaube man durch ihn ein souveränes Europäisches Parlament ersetzen zu können, eine Abgeordnetenkammer, die die Staaten repräsentiert wie das Europäische Parlament die Bürger.

Diese Fiktion funktioniert nicht und wird niemals funktionieren können. Aus einem ganz einfachen Grund: Eine selbstbewusste, öffentliche und Debatten kontrovers austragende parlamentarische Demokratie lässt sich nicht mit einem Repräsentanten pro Land organisieren. Eine solche Instanz führt zwangsläufig zu einem Gegeneinander nationaler Egoismen und zu kollektiver Ohnmacht. Und das unabhängig von Personen: Merkollande funktioniert auch nicht besser als Merkozy.

Der Europäische Rat ist nützlich, um allgemeine Regeln festzusetzen oder Vertragsänderungen auszuhandeln. Aber um die Tagesgeschäfte einer Haushalts- und Fiskalunion zu leiten, um souverän über die Höhe der Staatsschulden abzustimmen und sie an die Konjunkturentwicklung anzupassen (sobald man Schulden vergemeinschaftet, kann nicht jeder die Höhe seines Defizits allein mit sich selbst ausmachen), um demokratisch die Bemessungsgrundlage und die Tarife der Steuern festzulegen, die dringend vereinheitlicht werden müssen (angefangen mit der Körperschaftsteuer, die von multinationalen Unternehmen massiv umgangen wird), braucht es ein echtes Haushaltsparlament der Eurozone.

Die natürlichste Lösung wäre es, dieses Parlament ausgehend von den nationalen Parlamenten zu bilden – zum Beispiel, indem man Abgeordnete des Deutschen Bundestags, der Nationalversammlung etc. entsendet, die eine Woche monatlich tagen könnten, um die gemeinsamen Beschlüsse zu fassen. So würde jedes Land von 30 oder 40 Personen und nicht bloß durch eine vertreten. Die abgegebenen Voten würden sich nicht länger in einer Konfrontation nationaler Interessen erschöpfen, Abgeordnete der PS *(Parti socialiste)* würden häufig mit der SPD, solche der UMP *(Union pour un Mouvement Populaire)* mit der CDU stimmen. Und vor allem käme es zu öffentlich und kontrovers ausgetragenen Debatten, die zu einem klaren und deutlichen Mehrheitsbeschluss führen.

Damit läge auch die fadenscheinige Einstimmigkeit des Europäischen Rats hinter uns, der regelmäßig gegen 4 Uhr morgens verkündet, Europa gerettet zu haben, bevor sich tags darauf herausstellt, dass er selbst nicht recht weiß, was er beschlossen hat.

Das Problem ist, dass die derzeitigen Regierungen an diesem System zu hängen scheinen. Es gibt im Grunde einen relativ breiten, von den deutschen Liberalen bis zu den französischen Sozialisten reichenden Konsens darüber, dass die politische Macht Europas in den Händen des Europäischen Rats bleiben sollte.

Woher kommt diese Zurückhaltung? Die offizielle Erklärung lautet, die Franzosen seien gegen den Föderalismus und es sei selbstmörderisch, sich auf eine Vertragsänderung einzulassen. Merkwürdiges Argument: Nachdem wir uns vor mehr als zwanzig Jahren entschieden haben, unsere Währungshoheit aufzugeben, und uns extrem penible Regeln für die Staatsschulden auferlegt haben, leben wir de facto in einem föderalen System.

Die Frage ist einfach: Wollen wir nur den technokratischen Föderalismus vorantreiben oder sind wir endlich bereit, auf einen demokratischen Föderalismus zu setzen?

KANN WACHSTUM UNS RETTEN?

24. September 2013

Ist es vernünftig, auf wieder erstarkendes Wachstum als Lösung all unserer Probleme zu setzen? Natürlich ist es immer besser, 1 % Wachstum der Produktion und des Nationaleinkommens als 0 % zu haben. Aber es ist Zeit, sich klarzumachen, dass die wesentlichen Herausforderungen, vor denen die reichen Länder zu Beginn dieses 21. Jahrhunderts stehen, sich dadurch nicht meistern lassen.

Die Produktion kann aus zwei Gründen wachsen: Aufgrund des Bevölkerungswachstums und aufgrund des Wachstums der Produktion pro Einwohner, also der Produktivität. Im Lauf der letzten drei Jahrhunderte ist die Weltproduktion durchschnittlich um 1,6 % pro Jahr gewachsen, von denen sich 0,8 % dem Bevölkerungswachstum und 0,8 % dem Wachstum der Produktion pro Einwohner verdanken. Das klingt nach sehr wenig. Aber in Wahrheit handelt es sich um einen sehr raschen Rhythmus, wenn er nur andauert. Tatsächlich ist derart die Weltbevölkerung um mehr als das Zehnfache gewachsen, nämlich von ungefähr 600 Millionen um 1700 auf 7 Milliarden heute. Es scheint wenig wahrscheinlich, dass es in Zukunft bei dieser demographischen Wachstumsrate bleibt. Die Bevölkerung hat in mehreren europäischen und asiatischen Ländern bereits zu schrumpfen begonnen. Nach den Voraussagen der Vereinten Nationen sollte sich im Lauf dieses Jahrhunderts die gesamte Weltbevölkerung stabilisieren.

Was die Produktion pro Einwohner anbelangt, so kann man sich durchaus vorstellen, dass sich das Wachstum der Vergangenheit – 0,8 % pro Jahr seit drei Jahrhunderten – in Zukunft fortsetzt. Ich bin kein Verfechter der Theorie der Wachstumsminderung. Die technischen Innovationen können sehr wohl anhalten und ein unbegrenztes immaterielles, nicht umweltschädliches Wachstum zulassen. Vorausgesetzt, es gelingt uns, saubere Energien zu erfinden, wofür es keine Garantie gibt. Wie immer es damit aussieht – entscheidend ist, dass auch für den Fall, dass es anhält, das Wachstum zweifellos nicht über 1 %-1,5 % pro Jahr liegen wird. Wachstumsraten von 4 % oder 5 %, wie im Europa der Nachkriegsjahrzehnte und mehr noch im heutigen China sind stets nur in vorübergehenden Phasen des Aufholens von Ländern im Verhältnis zu anderen zu beobachten. Kein Land hat jemals eine Wachstumsrate erlebt, die dauerhaft über 1 %-1,5 % pro Jahr lag, nachdem es einmal zur Spitze der globalen Technologie aufgeschlossen hatte.

Unter diesen Bedingungen ist es fast unvermeidlich, dass die Wachstumsrate sich im 21. Jahrhundert auf einem Niveau einpendelt, das deutlich unter der Kapitalrendite, also unterhalb dessen liegt, was ein Vermögen durchschnittlich innerhalb eines Jahres abwirft (in der Form von Mieten, Dividenden, Zinsen, Gewinnen, Veräußerungsgewinnen etc.), in Prozent seines Anfangswerts ausgedrückt. Diese Rendite liegt im Allgemeinen bei etwa 4-5 % pro Jahr (wenn zum Beispiel eine Wohnung im Wert von 100 000 Euro einen Mietwert von 4000 Euro pro Jahr hat, liegt die Rendite bei 4 %), und kann 7-8 % erreichen bei Aktien und den höchsten und am besten diversifizierten Vermögen.

Diese Ungleichheit zwischen der Kapitalrendite (r) und dem Produktionswachstum (g), die man in die Ungleichung

$r > g$ fassen kann, verleiht zwangsläufig den in der Vergangenheit gebildeten Vermögen unverhältnismäßig großes Gewicht und führt automatisch zu einer extremen Konzentration des Reichtums. Die Anzeichen dafür lassen sich seit einigen Jahrzehnten erkennen, insbesondere in den Vereinigten Staaten, aber auch in Europa und Japan, wo der Rückgang des Wachstums (namentlich des Bevölkerungswachstums) zu einem nie dagewesenen Zuwachs der Vermögensmasse im Verhältnis zu den Einkommen geführt hat.

Es ist wichtig zu verstehen, dass es keinerlei Grund in der Natur der Dinge gibt, aus dem die Kapitalrendite unter die Wachstumsrate fallen müsste. Am einfachsten kann man sich davon durch die Tatsache überzeugen, dass die Wachstumsrate in der Geschichte der Menschheit die längste Zeit nahe Null lag, während die Kapitalrendite stets deutlich positiv war (typischerweise zwischen 4-5 % im Fall der Bodenrente in den traditionellen ländlichen Gesellschaften). Aus einer strikt ökonomischen Perspektive liegt darin keinerlei Problem – ganz im Gegenteil: Je «vollkommener», im Sinne der Ökonomen, der Markt, umso größer die Ungleichheit von r und g. Wohl aber sind die extremen Ungleichheiten, zu denen dies führt, mit den meritokratischen Werten, die zu den Legitimationsgrundlagen unserer demokratischen Gesellschaften zählen, nur schwer vereinbar.

Dagegen gibt es ganz verschiedene Mittel, die von der bestmöglichen internationalen Kooperation (automatischer Bankdatenaustausch, progressive Kapitalsteuer) bis zur völligen nationalen Abschottung reichen. Die Inflation könnte die Staatsschuld liquidieren, aber sie würde vor allem die bescheideneren Vermögen treffen und ist daher keine nachhaltige Lösung. Kapitalkontrolle à la chinoise, autoritäre Oligarchie à la russe, stetiges Bevölkerungswachstum à l'américaine: Jeder regionale Block hat seine eigene Lösung. Die Chance Europas liegt in seinem Sozialmodell und in seinem Vermögensreichtum, der weit über all seinen Schulden liegt. Unter der Bedingung einer tiefgreifenden Revision seiner politischen Institutionen, die heute in hohem Maße disfunktional sind, hat es unabhängig von der Frage des Wachstums die Mittel, der Demokratie wieder zur Kontrolle über den Kapitalismus zu verhelfen.

IWF:
NUR NOCH EIN KLEINER SCHRITT!

22. Oktober 2013

Der IWF tritt in seinem letzten Bericht mit einem Mal für die progressive Steuer ein. Er empfiehlt sogar eine Steuer auf Privatvermögen, um die Staatsverschuldung abzubauen. Wer hätte das gedacht! Ein Lächeln kann man sich angesichts eines solchen Sinneswandels schwer verkneifen – aber wir sollten uns dennoch genauer vor Augen führen, was der IWF vorschlägt und was er nicht vorschlägt, woher er kommt und wohin er jetzt geht.

Seit Jahrzehnten hat der IWF alles dafür getan, das Prinzip der progressiven Steuer als solches zu diskreditieren. In welchem Land er auch interveniert hat, stets ist er für (nicht progressive) Verbrauchssteuern oder die «flat tax» eingetreten, das heißt eine Steuer, die alle Einkommen, von den niedrigsten bis zu den astronomischen, mit ein und demselben Satz belastet. Überall hat er behauptet, die Anwendung höherer Sätze auf höhere Vermögen schade dem Wachstum und müsse verworfen werden. Eine Behauptung, die sich aus historischer Perspektive als unsinnig erweist: Nie war das Wachstum stärker als von 1950–1980, in einer Zeit also, in der die Steuerprogressivität maximal war, insbesondere in den Vereinigten Staaten.

Heute noch sind die meisten Führungskräfte des IWF, die Gehälter von 300 000 – 400 000 Dollar jährlich beziehen und natürlich von jeder Steuer befreit sind, von dieser

Ideologie durchdrungen. Sie behaupten weiterhin in aller Seelenruhe, Haushaltsanpassung sei in erster Linie durch Erhöhung der Mehrwertsteuer und Senkung der Sozialausgaben zu leisten, und treten stets für Reformen ein (wie den Abzug fiktiver Zinsen bei Aktien), die de facto darauf zielen, die Körperschaftssteuer jeder Substanz zu berauben. Dass der neueste Bericht in den Gängen des IWF für Zähneknirschen sorgt und es noch lange dauern wird, bis diese Mentalität sich wandelt, ist noch milde ausgedrückt. Indem sie daran erinnert, dass durch eine Rückkehr zur Steuerprogressivität von 1980 ein Gutteil des derzeitigen amerikanischen Haushaltsdefizits ausgeglichen werden könne, hat die Washingtoner Institution freilich einen wichtigen Schritt in ihrer Geschichte vollzogen.

Der Kampf um die progressive Einkommensteuer ist längst nicht gewonnen. Und hinter dieser ersten Auseinandersetzung zeichnet sich eine noch wichtigere geistige und politische Schlacht ab: die um eine progressive Vermögenssteuer. Zu Recht weist der IWF darauf hin, dass die öffentliche Verschuldung der reichen Länder, die heute unüberwindbar scheint, letztlich nichts ist, verglichen mit dem Volumen der Privatvermögen (Finanz- und Immobilienwerte), die den Haushalten derselben Länder gehören, namentlich in Europa. Die reiche Welt ist reich. Arm sind nur ihre Staaten. Der vom IWF ins Auge gefassten Lösung – Privatvermögen zu besteuern, um die Staatsschuld abzubauen – gebührt das Verdienst, mit einem Tabu zu brechen. Er zeugt von der Ratlosigkeit dieser Institution im Angesicht der Krise. Der IWF, der die Krise von 2008 nicht hat kommen sehen, muss sich jetzt eingestehen, dass die von ihm angeratene Strategie der Austerität die Rezession nur verlängert und es bei dieser Gangart Jahrzehnte dauern

wird, die Schulden wieder auf den Stand von 2007 zurück-
zufahren.

Leider bleibt der IWF auf halbem Wege stehen. Das
Problem ist, dass er sich nicht entschlossen für eine progressive Kapitalsteuer einsetzt. Gewiss erwähnt der Bericht die
Möglichkeit einer Steuer, die sich auf die größten Vermögen
konzentriert. Aber er scheint vornehmlich eine Lösung vom
Typ einer auf Vermögen erhobenen «flat tax» zu befürwor-
ten, die das genaue Gegenteil ist. Kleine und mittlere Spar-
guthaben mit demselben Satz zu belasten wie die sehr großen Finanzportfolios hat überhaupt keinen Sinn und wird
nur zur Ablehnung dieser Art Politik führen. Die europäischen Autoritäten und der IWF haben im Übrigen eine solche Lösung während der Zypernkrise verfolgt, mit dem be-
kannten Erfolg. Nach einem *mea culpa* in dieser Sache sucht
man im Bericht vergeblich, ja der Vorgang wird gar nicht
erst erwähnt. In Anbetracht der extremen Konzentration,
die für die Kapitalverteilung kennzeichnend ist, muss die
Vermögenssteuer stark progressiv sein, stärker noch als die
Einkommensteuer.

Eine solche Progressivität erfordert freilich ein hohes
Maß an internationaler Finanztransparenz und Kooperation,
worauf der IWF kaum eingeht. Das ist umso bedauerlicher,
als ohne klar formulierte fiskalpolitische Ziele die Gefahr
groß ist, dass die gegenwärtigen Verhandlungen über die
Steuerparadiese im Sand verlaufen. Das Ziel des automatischen Bankdatenaustauschs muss darin liegen, die Gesamtheit der Finanz- und Immobilienwerte einsehen zu
können, über die eine bestimmte Person verfügt, und eine
progressive Steuer auf ihr Nettovermögen zu erheben.

Träumen ist nicht verboten: Was wäre, wenn die
Verantwortlichen des Europäischen Rats und des EU-Fi-

nanzministerrats, statt immer hinter den Ratschlüssen des IWF hinterherzuhinken (erst der ultraliberalen fiskalischen Glaubenslehre, dann dem folgenden Umschwenken), sich einmal entschließen würden, selbst die Initiative zu ergreifen und eigene Vorschläge zu machen? Und was wäre, wenn die politisch Verantwortlichen Europas, allen voran die französischen und deutschen Regierungsvertreter, sich endlich auf ihre Verantwortung besinnen würden?

OLIGARCHIE IN AMERIKA

22. April 2014

Wird die Zukunft Amerikas oligarchisch und plutokratisch sein? Eine erst kürzlich getroffene Entscheidung des Supreme Court, die jede Obergrenze für private Wahlkampffinanzierung aufhebt, hat dieser Sorge neue Nahrung gegeben. Die Hunderte von Millionen, die von den milliardenschweren und ultrarepublikanischen Koch-Brüdern für Wahlkampfspots und *think tanks* gespendet wurden, um Kandidaten vom rechten Rand zu unterstützen, sind zum Symbol der unbegrenzten Macht des Geldes geworden. Das Gespenst des Abrutschens in eine immer extremere Ungleichheit und der wachsenden Einflussnahme der «1 %» auf den politischen Prozess bewegt wie nie zuvor die Debatten jenseits des Atlantiks. Ein paar Jahre ist es her, dass die «Occupy Wall Street»-Bewegung und ihre ungewohnten Slogans («Wir sind die 99 %») in Europa für Aufregung gesorgt haben. Wenn Obama jüngst erklärt hat, Ungleichheit sei «die größte Herausforderung unserer Zeit», dann liegt das zunächst daran, dass der Anstieg von Ungleichheiten in den Vereinigten Staaten sehr viel massiver als in Europa ausgefallen ist.

Da war zunächst der beispiellose Höhenflug der Vergütungen von Spitzenmanagern. Inzwischen ist die wachsende Vermögenskonzentration im Begriff, zum Hauptproblem zu werden. Der Anteil der reichsten 1 % am amerikanischen Nationalvermögen nähert sich bedenklich den Rekordmarken, die das Europa des Ancien Régime und der Belle Époque erlebt hatte. Für ein Land, das sich einst als Gegenentwurf zu europäischen Patrimonialgesellschaften verstanden wissen wollte, ist das ein schwerer Schlag.

Das anhaltende Wachstum der amerikanischen Bevölkerung, seine dynamischen Universitäten, der Rhythmus seiner Innovationen haben das Land fürs erste vor jenem Abrutschen bewahrt. Aber das reicht nicht mehr. Schon einmal, zwischen 1900 und 1920, während des so genannten Gilded Age, der Epoche Rockefellers und des Großen Gatsby, hatte wachsende Ungleichheit eine große nationale Debatte ausgelöst. Auch das hat dazu beigetragen, dass Amerika das Land sein sollte, das in der Zwischenkriegszeit eine stark progressive Besteuerung der höchsten Einkommen und großen Erbvermögen ins Leben rief, mit Spitzensteuersätzen, die 70-80 %, zeitweise auch mehr, erreichten und sich ein halbes Jahrhundert auf diesem Niveau hielten.

Werden wir in den nächsten Jahren und Jahrzehnten eine ähnliche Reaktion der amerikanischen Demokratie erleben? Die Entscheidung des Supreme Court zeigt, dass der politische Kampf hart sein wird. Aber er kann gewonnen werden. Die amerikanischen Verfassungsrichter hatten im 19. Jahrhundert bereits die Einkommensteuer und in den 1930er Jahren den Mindestlohn zu blockieren versucht. Sie scheinen heute die gleiche Rolle übernehmen zu wollen, nicht unähnlich übrigens dem französischen Verfassungsgericht, das offenbar immer entschlossener ist, seinen konservativen fiskalpolitischen Auffassungen mit dem besten Gewissen der Welt Gesetzeskraft zu verleihen.

Eine weitere Schwierigkeit rührt daher, dass die Regulierung des patrimonialen Kapitalismus des 21. Jahrhunderts neuer Instrumente und neuer Formen internationaler Kooperation bedarf. Die Vereinigten Staaten stehen allein für fast ein Viertel des weltweiten BIP. Das Land ist groß genug, um zu handeln und insbesondere seine proportionale Steuer auf Immobilienbesitz, die noch aus dem 19. Jahrhundert stammt, wie im Übrigen die vergleichbaren Steuern in Europa, etwa die Grundsteuer in Frankreich, in eine progressive Steuer auf individuelles Nettovermögen zu verwandeln (unter Berücksichtigung von Verbindlichkeiten und finanziellen Vermögenswerten). Das würde die Situation all derer verbessern, die Vermögen erst noch zu bilden versuchen, und würde zugleich der Konzentration an der Spitze Grenzen setzen. Die Vereinigten Staaten haben auch ihre Fähigkeit unter Beweis gestellt, die Schweizer Banken zur automatischen Übermittlung von Informationen über die finanziellen Einlagen ihrer Staatsangehörigen zu zwingen.

Um auf diesem Weg voranzukommen, wäre es nötig, dass die Europäische Union endlich ihrer Rolle gerecht wird und gemeinsam mit den Vereinigten Staaten ein internationales Verzeichnis von Wertpapieren und anderen Vermögenswerten einrichtet. Finanzielle Intransparenz und wachsende Vermögenskonzentration sind Herausforderungen, die den gesamten Planeten betreffen. Aus den seit 1987 von Forbes erstellten Rankings geht hervor, dass die größten Vermögen weltweit zwischen 1987 und 2013 mit einer Rate von 6-7 % gewachsen sind, gegenüber kaum 2 % für das weltweite Durchschnittsvermögen. Das Abdriften in eine Oligarchie ist eine auf allen Kontinenten akute Gefahr.

In China haben die Autoritäten einstweilen beschlossen, das Problem fallweise zu regeln, auf die russische Art. Oligarchen werden geduldet, solange sie Regimetreue beweisen – und enteignet, sobald sie dem roten Adel gefährlich werden oder man den Eindruck gewinnt, die Toleranzschwelle der öffentlichen Meinung sei überschritten. Die Machthaber scheinen allerdings zu beginnen, sich der Grenzen eines solchen Vorgehens bewusst zu werden. Und die Debatten über die Einführung einer Eigentumssteuer sind bereits in vollem Gange. Die Größe des Landes (fast ein Viertel des weltweiten BIP) und sein stark zentralistischer Charakter (sehr viel zentralistischer als die Vereinigten Staaten), würden ihm für diesen Fall ein wirkungsvolles Vorgehen erlauben.

In dieser globalen Landschaft krankt die Europäische Union (das dritte Viertel des weltweiten BIP) offenbar an ihrer Fragmentierung. In Anbetracht des Finanzierungsbedarfs seines Sozialmodells ist es gleichwohl derjenige Teil der Welt, der das größte Interesse an einer Bekämpfung der Steuerparadiese hat. Der Vorschlag, diese Frage in einem künftigen euro-amerikanischen Vertrag zu verankern, hätte bei einem Amerika, das vom Unbehagen an der fortschreitenden Ungleichheit heimgesucht wird, sehr gute Chancen, auf offene Ohren zu stoßen.

AN DIE URNEN, BÜRGER!

20. Mai 2014

Kommenden Sonntag haben die europäischen Bürger die Chance, Europa zu verändern, indem sie Martin Schulz zum Präsidenten der Europäischen Kommission machen. Das verkünden zumindest die hochgemuten Glaubensbekenntnisse der sozialistischen Kandidaten, die ein wenig zu rasch vergessen, dass sie in Frankreich bereits an der Macht sind. Wie sieht es also aus: Werden wir am Sonntag Europa verändern?

Richtig ist, dass diese Wahl mehr als alle Europawahlen zuvor die Chance für einen Wandel birgt. Zum ersten Mal wird das Votum einen unmittelbaren Einfluss auf die Wahl des Kommissionspräsidenten haben. Sollten die Listen der Sozialisten klar vorne liegen, werden die Staatsoberhäupter nicht umhin können, Martin Schulz dem Europäischen Parlament als Kommissionspräsidenten vorzuschlagen. Umgekehrt werden sie Jean-Claude Juncker vorschlagen, wenn die Listen der Rechten und Mitte-Rechten die Oberhand gewinnen.

Schulz, solider und ernsthafter Sozialdemokrat, gegen Juncker, ewiger Premier Luxemburgs, einer Steueroase, die sich mitten in Europa eingenistet hat und seit Jahren jeden Versuch blockiert, den automatischen Bankdatenaustausch einzuführen. Die Entscheidung könnte im Grunde nicht einfacher sein und verdient es wahrlich, dass man sich am Sonntag aufrafft und zur Urne geht, wenn man nicht etwas besonders Wichtiges vorhat.

Schulz wird indessen sehr viel mehr als ein Votum brauchen, um Europa zu verändern. Die Bilanz des Krisenmanagements ist eine Katastrophe. 2013–2014 geht das Wachstum in Europa gegen Null, während es in den Vereinigten Staaten und in Großbritannien wieder angezogen hat. Warum haben wir eine Staatsschuldenkrise, die anfangs jenseits des Atlantiks und des Kanals nicht weniger dramatisch war, zu einer Krise des Vertrauens in die Eurozone werden lassen, die uns in eine lange Stagnation zu treiben droht? Weil unsere gemeinsamen Institutionen zu schwach sind. Um Wachstum und sozialen Fortschritt in Europa wieder voranzubringen, müssen diese Institutionen von Grund auf überdacht werden.

Das ist die Stoßrichtung des Manifests für eine politische Euro-Union, das mittlerweile in sechs europäische Sprachen übersetzt ist (pouruneunionpolitiquedeleuro.eu). Der Zentralgedanke ist einfach: Eine Einheitswährung mit 18 verschiedenen Staatsschulden, auf die die Märkte ungehindert spekulieren können, und 18 Steuer- und Sozialsysteme, zwischen denen ein erbitterter Wettbewerb entbrannt ist – das funktioniert nicht und wird niemals funktionieren können. Die Länder der Eurozone haben sich für eine gemeinsame Währungshoheit entschieden und damit die Waffe einer Abwertung, die jedes Land im Alleingang vornehmen könnte, aus der Hand gegeben, ohne sich zum Ausgleich mit neuen wirtschaftlichen, sozialen, fiskalischen und haushaltsrechtlichen Waffen zu rüsten. Dieser Zwischenzustand ist die denkbar ungünstigste Lage.

Ganz gleich, wie viel guten Willen Martin Schulz an den Tag legen und über welche Mehrheit er im Europäischen Parlament verfügen wird, die Allmacht des aus den Staats- und Regierungschefs gebildeten Europäischen Rats und des aus den nationalen Ministern gebildeten Rats der Europäischen Union wird kein geringes Hindernis sein. Um die Regel der Einstimmigkeit loszuwerden, muss eine wirkliche Abgeordnetenkammer der Eurozone ins Leben gerufen werden, in der jedes Land nicht bloß durch Einzelpersonen, sondern durch Abgeordnete aller politischen Kräfte vertreten sein könnte. Andernfalls wird die Tatenlosigkeit andauern. Dieselbe, die dazu geführt hat, dass wir auf amerikanische Sanktionen gegen Schweizer Banken warten mussten, um auf dem Weg zur finanziellen Transparenz in Europa ein paar Schritte voranzukommen. Und dieselbe, die dazu geführt hat, dass wir die Körperschaftssteuer immer weiter senken und es den großen multinationalen Unternehmen erlauben, nirgends Steuern zu zahlen.

Um die schweren Funktionsstörungen der derzeitigen europäischen Institutionen zu veranschaulichen, könnte man auch die unsägliche proportionale Vermögensabgabe auf zypriotische Bankeinlagen nennen, die vom EU-Finanzministerrat im März 2013 unter Ausschluss der Öffentlichkeit einstimmig beschlossen wurde – bevor man sich darüber klar wurde, dass dann doch keiner für die Lösung einstehen wollte. Sollte es zu einer neuen Krise größeren Ausmaßes kommen, muss man auf das Schlimmste gefasst sein. Lauthals zu verkünden, das gegenwärtige Europa stehe in der öffentlichen Meinung nicht hoch im Kurs, um daraus zu schließen, an seiner Funktionsweise müsse im Wesentlichen nichts geändert werden, ist sträfliche Inkonsequenz. Die Verträge werden ständig reformiert, und das wird auch in Zukunft so sein. Statt tatenlos herumzusitzen, bis Angela Merkel mit ihren Vorschlägen kommt, sollte man sich besser vorbereiten und Vorschläge für eine wirkliche Demokratisierung Europas machen.

Um Europa zu verändern, wird man auch die Frage des transatlantischen Freihandelsabkommens entschlossen angehen müssen. Die Europäische Union und die Vereinigten Staaten machen die Hälfte des weltweiten BIP aus. Durch bloße Liberalisierung des Handels können sie ihrer Verantwortung und den öffentlichen Erwartungen nicht gerecht werden. Wenn man sich auf das Europäische Parlament und die nationalen Parlamente stützt, lassen sich in diesem Abkommen anspruchsvolle Sozial-, Steuer- und Umweltregularien verankern. Die EU und die Vereinigten Staaten sind groß genug, um ihren Unternehmen und den Steueroasen neue Regeln aufzuerlegen: eine konsolidierte Bemessungsgrundlage für die Körperschaftssteuer und ein globales – oder zumindest euro-amerikanisches – Finanzregister. Martin Schulz kann in dieser Bewegung eine zentrale Rolle spielen. Träumen wir also ein wenig. Und gehen wir wählen.

UNGLEICHHEIT VON ÄGYPTEN
BIS ZUM GOLF – EIN PULVERFASS

16. Juni 2014

Seit einer Woche sind einmal mehr alle Augen auf den Irak gerichtet. Die Eroberung Falludschas durch die Rebellentruppen des Islamischen Staates (IS) und die Unfähigkeit der Regierungstruppen, eine Stadt zurückzuerobern, die doch keine hundert Kilometer von Bagdad entfernt liegt, haben schon im Januar die Schwäche des derzeitigen Regimes bezeugt. Inzwischen wankt offenbar der gesamte Norden des Landes. Der IS scheint gegenwärtig imstande, sich mit syrischen Gruppen zusammenzuschließen, um einen neuen Staat zu schaffen, der große Teile des Irak und Syriens einschließen und damit die 1920 von den Westmächten festgelegten Grenzen außer Kraft setzen könnte.

Die fraglichen Konflikte werden häufig als Religionskriege beschrieben (Sunniten gegen Schiiten). So unverzichtbar dieses Deutungsraster ist, so wenig sollte es uns die Spannungen vergessen machen, die von der extremen Ungleichverteilung von Reichtümern in einer Region ausgehen, in der zweifellos größere Ungleichheit herrscht als in jeder anderen Weltgegend. Wie zahlreiche Beobachter festgehalten haben, ist der Aufstieg des IS eine ernste Bedrohung Saudi-Arabiens und der Ölemirate (die doch nicht weniger sunnitisch sind als der IS), und könnte sich in gewisser Weise zu einer Wiederholung der irakischen Annexion Kuwaits von 1991 im größeren Maßstab auswachsen. Ob man so weit gehen möchte oder nicht – unbestreitbar ist, dass die Konzentration der Ölvorkommen auf dem Hoheitsgebiet kleiner bevölkerungsarmer Staaten das gesamte politische und gesellschaftliche System der Region destabilisiert.

Sieht man sich die Region an, die von Ägypten über Syrien, den Irak und die Arabische Halbinsel bis zum Iran reicht und etwa 300 Millionen Einwohner zählt, so fällt auf, dass die Ölmonarchien 60 % des regionalen BIP, aber nur 10 % der Bevölkerung auf sich vereinen. Und dem ist hinzuzufügen, dass es innerhalb der Ölmonarchien wiederum eine Minderheit ist, die einen unverhältnismäßig großen Teil dieses Manna in die eigene Tasche steckt, während weite Teile der Bevölkerung (namentlich Frauen und Gastarbeiter) ein Dasein als Halbsklaven fristen. Diese Systeme aber sind es, die militärisch und politisch von den westlichen Mächten unterstützt werden, die froh sind, wenn sie ein paar Brosamen zur Finanzierung ihrer Fußballvereine ergattern. Kein Wunder, dass Lektionen in Demokratie und sozialer Gerechtigkeit, wie wir sie anderen gern erteilen, bei der Jugend des Mittleren Ostens so wenig verfangen.

Auch bei vorsichtiger Schätzung ist unschwer zu erkennen, dass die Einkommensungleichheit im Nahen Osten deutlich höher ist als in den Ländern mit der danach größten Ungleichheit weltweit, die Vereinigten Staaten, Brasilien und Südafrika eingeschlossen. Der gleiche Sachverhalt läßt sich auch anders ausdrücken: Die ägyptischen Behörden verfügten 2013 über ein Gesamtbudget von weniger als 10 Milliarden Dollar, um sämtliche Schulen und Hochschulen ihres Landes zu finanzieren. Nur ein paar hundert Kilometer entfernt belaufen sich die Öleinnahmen Saudi Arabiens mit seinen 20 Millionen Einwohnern auf 300 Milliarden, die Katars mit seinen 300 000 Kataris auf mehr als 100 Milliarden Dollar. Und derweil überlegt die internationale Gemeinschaft, ob sie Ägypten neuerlich einen Kredit von ein paar Milliarden Dollar gewähren oder lieber abwarten soll, bis das Land, wie versprochen, die Getränke- und Tabaksteuer erhöht.

Wie soll man mit dem Pulverfass umgehen, zu dem durch diese Ungleichheit eine ganze Region geworden ist? Man kann zunächst einmal der eigenen Bevölkerung beweisen, dass man sich um die gesellschaftliche Entwicklung in diesen Ländern und ihre politische Integration größere Sorgen macht als um unsere guten Beziehungen zu den Emiren. Eine gemeinsame europäische Energiepolitik würde uns in die Lage versetzen, nicht bloß kleinmütigen nationalen Finanzinteressen, sondern unseren Werten und unserem Gesellschaftsmodell zur Geltung zu verhelfen - hier so gut wie in der Ukraine und in Russland. Die Hegemonie der Vereinigten Staaten hat bekanntlich das irakische Desaster erst heraufbeschworen. Schon morgen können die USA ihre Vormachtstellung erneut im Allmachtsrausch missbrauchen, wie in bescheidenerem, aber nicht unerheblichen Umfang die Affäre um BNP Paribas zeigt (die offenbar unlauteren Geschäfte der Bank mit dem sudanesischen Regime rechtfertigen sicher die Entlassung ihrer Führungskräfte, aber nicht die Zahlung einer exorbitanten, die Destabilisierung des europäischen Bankensektors riskierenden Strafe von über 6 Milliarden Euro an das US-Finanzministerium). Um im Prozess der Globalisierung eine gewichtige Rolle zu spielen und dafür einzutreten, dass es auf der Welt gerechter zugeht, muss Europa mehr denn je seine politische Einigung vorantreiben.

WAS ES KOSTET,
EIN KLEINES LAND ZU SEIN

8. September 2014

Tausende mussten in der Ukraine sterben und Monate des Zögerns verstreichen, bevor Frankreich sich endlich bereiterklärt, seine Waffenlieferungen an Russland vorläufig einzustellen. All das wegen des Verkaufs von ein paar Kriegsschiffen, der kaum mehr als eine Milliarde Euro abwirft. Gemessen an den menschlichen und geopolitischen Kosten, aber auch an der ganz realen militärischen Bedrohung, die von diesen Lieferungen verursacht werden, ist das ein lächerlicher Gewinn. Man denke zum Vergleich nur an die 6 Milliarden Euro Strafe für Sanktionsverstöße, zu denen die amerikanische Justiz unlängst BNP Paribas verurteilt hat. Nicht auszudenken, wie groß das Geschrei gewesen wäre, hätte der französische Staat es gewagt, von der größten Bank Frankreichs, ja Europas, eine solche Summe zu fordern. Die beiden Zahlen haben auf den ersten Blick nichts miteinander zu tun und sind doch zwei Seiten derselben Medaille. Ein kleines Land zu sein, ist in unserer neuen Weltwirtschaft mit immens steigenden Kosten verbunden. Mehr und mehr ist man genötigt, Dinge hinzunehmen und zu tun, die sich immer weniger vertreten und mit unseren Werten vereinbaren lassen.

Um Exportgewinne von ein paar Milliarden zu erwirtschaften, ist man inzwischen bereit, wem immer zu verkaufen, was immer er gerade will. Man ist bereit, zur Steueroase zu werden, bereit, Oligarchen und multinationale Unternehmen weniger Steuern zahlen zu lassen als Angehörige der Mittel- oder Unterschichten, und bereit, sich mit alles andere als fortschrittlichen Ölemiraten zu verbünden, damit ein paar Euro für unsere Fußballvereine abfallen. Und umgekehrt muss man sich den Gesetzen großer Länder beugen, in diesem Fall denen der Vereinigten Staaten, die das ganze Gewicht ihres Rechtssystems dazu nutzen, überall in der Welt Bußgelder in Rekordhöhe zu verhängen und willkürliche Entscheidungen durchzusetzen – sei es in Frankreich, sei es in Argentinien (dem man einen Schuldenschnitt gewährt hatte, um ihn mit einem Mal wieder in Frage zu stellen). In dieser Situation kleiner Länder, die alle Bedenken über Bord zu werfen und alles hinzunehmen bereit sind, werden sich zusehends alle europäischen Länder wiederfinden – Frankreich und das soeben vom NSA-Abhörskandal gebeutelte Deutschland nicht ausgenommen. Darum wird es noch lange die dringlichste Aufgabe unserer Zeit und unseres Kontinents bleiben, die EU im Zeichen unserer Werte und unseres Sozialmodells zur politischen Union zu vertiefen.

Doch auf dem Weg zu dieser Union geht es freilich nicht recht voran. Man kann sich freuen, dass ein Pole zum Präsidenten des Europäischen Rats ernannt worden ist und darin einen Beleg für die gelungene Osterweiterung der Union ausmachen. Und tatsächlich, mit einer Bevölkerung von mehr als 500 Millionen und einem kumulierten BIP von 15 000 Milliarden verfügt eine aus 28 Ländern bestehende Europäische Union über die nötigen Mittel, ihren Entscheidungen Geltung zu verschaffen und Sanktionen zu verhängen – namentlich über Russland, das mit einer zehnfach kleineren Wirtschafts- und Kapitalkraft einem entschlossenen Handeln nicht lange widerstehen könnte. Aber jener polnische Präsident erinnert uns zugleich daran, dass Polen derzeit nicht die geringste Neigung verspürt, einer Eurozone beizutreten, die das politische und wirtschaftliche Herzstück Europas ist (fast 350 Millionen Einwohner und ein kumuliertes BIP von 12 000 Milliarden Euro), aber von der Welt wie von den Europäern selbst zusehends als Fehlschlag wahrgenommen wird.

Wir sollten uns nichts vormachen. Ohne die Einführung neuartiger demokratischer Institutionen durch eine kleine Zahl von Ländern im Herzen der Eurozone wird eine Einigung, insbesondere in Haushalts-, Steuer- und Finanzangelegenheiten, nicht zustande kommen. Mit einem Parlament der Eurozone und einem Finanzminister, der ihm verantwortlich wäre, könnten in aller Öffentlichkeit ein Konjunkturprogramm, ein gemeinsames Schuldenniveau, eine gemeinsame Körperschaftssteuer, eine Bankenregulierung verabschiedet und ein Gegengewicht zu einer Europäischen Zentralbank geschaffen werden, von der man sich nicht alles erwarten darf. Hätte eine derart gestärkte Union erst unter Beweis gestellt, dass sie politische Entscheidungen und soziale Fortschritte voranzutreiben vermag, wären vielleicht auch andere unter den 28 Ländern der EU geneigt, sich diesem harten Kern anzuschließen. Bloß abzuwarten und zu hoffen, dass die Probleme sich schon von selbst lösen werden, wird sicher nicht zum Erfolg führen.

Die französische Regierung muss jetzt, mit der italienischen und einigen anderen, konkrete Vorschläge ausarbeiten. Es führt zu nichts, unablässig zu wiederholen, an den Verträgen sei nicht zu rütteln. 2012 sind sie innerhalb von sechs Monaten reformiert worden – und das wird kaum das letzte Mal gewesen sein. Auch wenn Deutschland fürchten mag, bei der Festsetzung gemeinsamer Defizite überstimmt zu werden, wird es sich einem tragfähigen Vorschlag zu einer stärkeren politischen Union nicht dauerhaft verweigern können, zumal es in diesem Parlament des Euro sein ganzes demographisches Gewicht in die Waagschale werfen könnte. Und die französische Regierung kann nicht weitere drei Jahre darauf warten, dass der Aufschwung sich endlich einstellen möge. François Hollande ist einem großen Irrtum erlegen, als er 2012 glaubte, durch eine Strategie des forcierten Schuldenabbaus werde das Wachstum sich wieder ankurbeln lassen. Es ist Zeit, sich diesen Irrtum einzugestehen und den Kurs zu ändern, bevor es zu spät ist.

WAS MUSS NOCH PASSIEREN,
DAMIT SICH EUROPA BEWEGT?

2. Januar 2015[1]

Das Bedrückendste an der europäischen Krise ist die Verbohrtheit, mit der die Führung Europas ihre Politik als die einzig mögliche darstellt und jede politische Erschütterung fürchtet, die dieses schöne Gleichgewicht stören könnte.

Der Preis für den größten Zynismus geht zweifellos an Jean-Claude Juncker, der nach den Enthüllungen von LuxLeaks den fassungslosen Europäern in aller Seelenruhe erklärt, er habe seinerzeit als Premier Luxemburgs gar keine andere Wahl gehabt, als den Nachbarn ihr Steueraufkommen abzugraben. Schauen Sie, die Industrie meines Landes lag darnieder, also musste eine neue Entwicklungsstrategie her. Was konnte ich anderes tun, als Luxemburg zur übelsten Steueroase auf Erden zu machen? Da werden sich die Nachbarn freuen. Als hätten sie nicht selber seit Jahrzehnten mit der Deindustrialisierung zu kämpfen.

Mit Entschuldigungen ist es nicht länger getan. Es ist Zeit einzusehen, dass die europäischen Institutionen selbst in Frage stehen und es keine Politik des sozialen Fortschritts ohne eine demokratische Neugründung Europas geben

---

1 Veröffentlicht in *Libération* am 30.12.2014. Die Übersetzung beruht auf einer aktualisierten Online-Fassung vom 2.1.2015.

kann. Das heißt konkret: Wenn man weitere Skandale wie LuxLeaks wirklich verhindern will, muss man sich von der Regel der Einstimmigkeit in fiskalpolitischen Belangen verabschieden und alle Entscheidungen über die Besteuerung großer Unternehmen (und idealerweise auch hoher Einkommen und großer Vermögen) durch Mehrheitsbeschluss treffen. Falls Luxemburg und andere Länder sich dem verweigern, sollte das die reformwilligen Länder nicht davon abhalten, einen harten Kern zu bilden, um auf diesem Weg voranzugehen und die nötigen Sanktionen über diejenigen zu verhängen, die weiterhin von finanzieller Intransparenz zu leben gedenken.

Der Preis für den größten Gedächtnisverlust wiederum gebührt Deutschland, mit Frankreich auf einem guten zweiten Platz. 1945 hatten beide Länder eine Staatsschuld von über 200 % ihres BIP. 1950 war sie auf weniger als 30 % gesunken. Was war geschehen? Waren die Haushaltsüberschüsse mit einem Mal hoch genug, um eine solche Schuld zu begleichen? Offenbar nicht. Deutschland und Frankreich verdankten den Abbau ihrer Schulden der Inflation und, schlicht und einfach, der Repudiation, also der Nichterfüllung ihrer Verbindlichkeiten. Hätten sie versucht, Jahr für Jahr Haushaltsüberschüsse von 1-2 % zu erzielen, säßen sie nicht allein heute noch auf ihren Schulden, sondern es wäre ihren Nachkriegsregierungen auch sehr viel schwerer gefallen, in Wachstum zu investieren. Und just diese beiden Länder sind es, die seit 2010/11 den südeuropäischen Ländern erklären, ihre Schulden müssten bis auf den letzten Euro beglichen werden. Wie kurzsichtig dieser Egoismus ist, zeigt der 2012 auf Drängen Deutschlands und Frankreichs verabschiedete neue Haushaltsvertrag, der über die Durchführung von Sparmaßnahmen in Europa wacht (mit einem extrem raschen Defizitabbau sowie einem völlig wirkungslosen System automatischer Sanktionen) und zu einer Ausweitung der Rezession geführt hat – während überall sonst, in den Vereinigten Staaten wie in den Ländern der Europäischen Union, die nicht der Eurozone angehören, die Wirtschaft wieder angezogen hat.

Den Preis für die größte Verlogenheit schließlich hat sich innerhalb dieses Duos eine französische Führung verdient, die ihre Zeit damit verbringt, alle Schuld auf Deutschland zu schieben, obwohl es sich zweifelsfrei um eine geteilte Verantwortung handelt. Von der alten Mehrheit noch unter Sarkozy ausgehandelt und von der neuen ratifiziert, hätte der neue Haushaltsvertrag nicht ohne jenes Frankreich verabschiedet werden können, das sich in Wahrheit so gut wie Deutschland zum Egoismus gegenüber Südeuropa entschlossen hat. Wenn man schon von sehr niedrigen Zinssätzen profitiert, wozu sie mit anderen teilen? In Wahrheit kann mit 18 verschiedenen Staatsschulden und 18 verschiedenen Zinssätzen, auf die die Märkte ungehindert spekulieren können, keine gemeinsame Währung funktionieren. Man müsste massiv in Bildung, Innovation und grüne Technologien investieren, aber was man tut, ist das genaue Gegenteil. Für die Zahlung von Schuldzinsen wendet Italien derzeit über 6 %, für sämtliche Universitäten des Landes weniger als 1 % seines BIP auf.

Welche Schocks könnten die Dinge 2015 in Bewegung bringen? Es gibt, grob gesprochen, drei Möglichkeiten: Eine neue Finanzkrise, ein politischer Schock, der von der Linken, und ein politischer Schock, der von der Rechten ausgeht. Die europäische Führung sollte klug genug sein, um zu erkennen, dass die zweite Möglichkeit die mit Abstand beste ist. Die politischen Bewegungen, die heute am linken Rand gedeihen, wie Podemos in Spanien oder Syriza in Griechenland, sind zutiefst internationalistisch und proeuropäisch. Statt sie abzulehnen, sollte man mit ihnen zusammenarbeiten, um die Grundlinien einer demokratischen Neugründung Europas zu umreißen. Andernfalls läuft man große Gefahr, es mit einem Schock zu tun zu bekommen, der sehr viel beunruhigender ist, nämlich einem, der von der Rechten ausgeht. In Anbetracht des neuen französischen Wahlsystems ist es durchaus möglich, dass der Front National bei den Regionalwahlen im Dezember 2015 in ganzen Regionen den Sieg davonträgt. Aber in dieser Zeit der Neujahrswünsche darf man auch auf das Unmögliche hoffen. So wie es um ihn steht, wäre François Hollande gut beraten, sich seine Irrtümer von 2012 einzugestehen und Südeuropa die Hand zu reichen, um endlich mutigere Vorschläge für die Zukunft unseres Kontinents auszuarbeiten.

816 Seiten, 97 Grafiken, 18 Tabellen. Gebunden.
ISBN 978-3-406-67131-9

„Piketty entpuppt sich gerade als
wichtigster Denker seiner Generation."
Andrew Hussey, The Observer

„Eine brillante Erzählung über
Reichtum und Armut."
Nikolaus Piper, Süddeutsche Zeitung

„Dieses Buch wird die Ökonomie verändern
und mit ihr die ganze Welt."
Paul Krugman, The New York Review of Books